CLIP STUDIO PAINT

캐릭터를 살리는
배경 그리기 노하우

요-시미즈 저 ㅣ 김재훈 역

YoungJin.com Y.
영진닷컴

CLIP STUDIO PAINT

캐릭터를 살리는
배경 그리기 노하우

'CHARA NO HAIKEI' EGAKIKATA KYOUSHITSU
CLIP STUDIO PAINT DE EGAKU! CHARA NO OMOI WO MONOGATARU FUKEI NO GIJUTSU
Copyright ⓒ 2018 Yo Shimizu
Korean translation rights arranged with SB Creative Corp., Tokyo
through Korea Copyright Center Inc., Seoul.

초판 1판 1쇄 2019년 4월 30일
재판 1판 4쇄 2022년 1월 25일

ISBN 978-89-314-6012-4

독자님의 의견을 받습니다.
이 책을 구입한 독자님은 영진닷컴의 가장 중요한 비평가이자 조언가입니다. 저희 책의 장점과 문제점이
무엇인지, 어떤 책이 출판되기를 바라는지, 책을 더욱 알차게 꾸밀 수 있는 아이디어가 있으면 팩스나 이메
일, 또는 우편으로 연락주시기 바랍니다. 의견을 주실 때에는 책 제목 및 독자님의 성함과 연락처(전화번호
나 이메일)를 꼭 남겨 주시기 바랍니다. 독자님의 의견에 대해 바로 답변을 드리고, 또 독자님의 의견을 다
음 책에 충분히 반영하도록 늘 노력하겠습니다.

발행인 김길수
발행처 영진닷컴
등 록 2007. 4. 27. 제16-4189호
이메일 support@youngjin.com
주 소 서울특별시 금천구 가산디지털1로 128 STX-V타워 4층 401호 (우)08507

파본이나 잘못된 도서는 구입하신 곳에서 교환해 드립니다.

저자 요-시미즈 | **번역** 김재훈 | **총괄** 김태경 | **기획** 정소현 | **디자인 · 편집** 김효정 |
영업 박준용, 임용수 | **마케팅** 이승희, 김근주, 조민영, 김예진, 이은정, 임승현 | **제작** 황장협 | **인쇄** SJ P&B

머리말

이 책을 선택해 주서서 대단히 감사합니다.
저자인 요-시미즈입니다.

이 책의 가장 큰 장점은 특전으로 제공하는 브러시입니다. 메이킹에서 사용한 24종의 브러시를 전부 다운로드할 수 있습니다. 모든 브러시는 프로가 실무에도 쓸 수 있을 수준으로 제가 직접 제작했습니다.

실제로 저도 게임 『배틀 오브 블레이드』(스퀘어에닉스)의 배경 · 컨셉아트 · 키비주얼, 애니메이션 『갑철성의 카바네리』(WIT STUDIO)의 컨셉아트 등 여러 작품에서 사용했습니다. 물론 그저 브러시를 손에 넣었다고 해서 제대로 활용할 수 없으므로, 어떤 브러시를, 어디에, 어떻게 쓰면 좋을지, 브러시 활용법에 중점을 두고 설명하는 내용입니다.

캐릭터가 주제인 8가지 다양한 장면을 러프부터 완성까지 제작하는 과정이 핵심입니다. 메이킹에서는 브러시 활용법을 축으로 캐릭터의 매력을 높이는 배경 그리는 법과 어떤 방법으로 한 장의 작품을 완성하는지, 원리와 노하우를 상세히 설명합니다. 어떤 원리를 어떻게 활용하는지 모든 과정을 자세히 담았으므로, '책을 구입하기 잘했다'라고 생각하실 겁니다.

하지만 그림을 그리는 과정은 선택의 연속입니다. 어디를 어떻게 그릴지, 어떤 색을 선택할지, 어떤 브러시를 쓸지, 어떤 터치를 넣을지, 전부 자유이며, 따라서 최적의 선택이 어렵습니다. 「A는 B」라는 설명은 조금만 상황이 달라져도 응용할 수 없지만, 「A는 ~때문에 B로 한다」처럼 선택의 의미와 이유를 알면, 어떤 그림에도 응용할 수 있습니다.

원근법도 최대한 쉽게 설명하려고 노력했습니다. Scene 4부터 차례로 난이도를 높여가면서 1점 투시도법, 2점 투시도법, 3점 투시도법의 기본 원리와 실제로 활용하는 방법, 퍼스자의 설정과 활용에 대해서 정리했습니다. 퍼스자는 CLIP STUDIO PAINT의 노른자 기능입니다. 이 책에서 설명하는 퍼스자의 사용법은 간단하고 효율적이니, 바로 써먹을 수 있습니다.

또한, 메이킹에서 충분히 설명하지 못한 주요 테크닉이나 하늘, 나무, 풀, 꽃 등 자주 그리는 요소 그리는 법을 Technique 페이지로 간략하게 정리했습니다. 그리기 까다로운 것과 마주쳤을 때는 사전처럼 펼쳐보면 참고가 됩니다.

이번 책은 저의 첫 번째 책인 『판타지 배경 그리는 법 교실』에 비해 초심자에 적합한 내용입니다. 평소 캐릭터는 그릴 수 있지만, 배경이 서툴거나 어렵다고 생각하는 분에게 권하고 싶습니다. 특전으로 제공하는 브러시를 활용하는 방법을 알면 배경에 좀 더 쉽게 다가갈 수 있을 거라고 생각합니다.

세계를 그리는 즐거움, 자신의 캐릭터와 함께 여행하는 즐거움을 느껴주신다면 참으로 좋겠습니다.

벚꽃 지는 거리 — 분위기로 그린 꽃과 나무

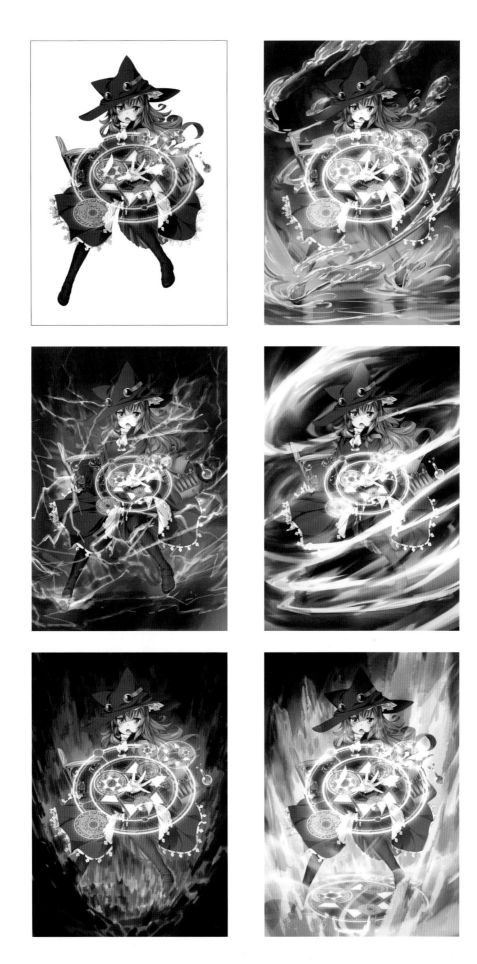

Scene 4 **해 질 무렵의 귀갓길** — 1점 투시도법으로 그린 배경

박사가 사랑한 연구실 — 2점 투시도법으로 그린 배경

Scene 6 눈 내리는 도시 — 2점 투시도법으로 그린 판타지 세계의 도시

바닷바람이 부는 도시 — 광활한 세계를 그린다.

Contents

Scene 3 ─────────
속성 마법의 이펙트
불, 물, 번개, 바람, 땅, 얼음 그리는 법

Scene 4 ─────────
해 질 무렵의 귀갓길
1점 투시도법으로 그린 배경

Scene 5

박사가 사랑한 연구실

2점 투시도법으로 그린 배경

Scene 6

눈 내리는 도시

2점 투시도법으로 그린
판타지 세계의 도시

Scene 7

증기 소녀의 일상

3점 투시도법으로 그린 스팀펑크의 세계

Scene 8

바닷바람이 부는 도시

광활한 세계를 그린다.

이 책의 읽는 법과
특전 데이터 사용 방법

 ## 이 책의 내용

8가지의 다채로운 장면을 그리는 제작 과정을 충실하게 담았습니다. 원근법에 관한 지식은 Perspective 페이지, 메이킹에서 제대로 설명하지 못한 주요 테크닉과 자주 쓰이는 배경 요소 그리는 법은 Technique 페이지에 정리했습니다.

CLIP STUDIO PAINT PRO 1.7.3 Windows/macOS판(이후 CLIP STUDIO PAINT)에서 동작 확인을 마쳤습니다. 본문에서 소개하는 단축키는 Windows의 키입니다. macOS를 사용하시는 분은 [Ctrl]→[⌘], [Alt]→[Option]을 사용하시기 바랍니다.

참고로 소프트웨어 버전 업그레이드 등의 사유로 화면 구성이나 조작 순서 등의 변경이 발생하여 책에서 설명하는 내용과 일치하지 않는 부분이 생길 수도 있습니다.

 ## 페이지 구성

● **Making 페이지** : 러프부터 완성까지의 제작 과정

과정을 순서대로
설명

Memo
레벨업에 필요한
원리 등을 소개

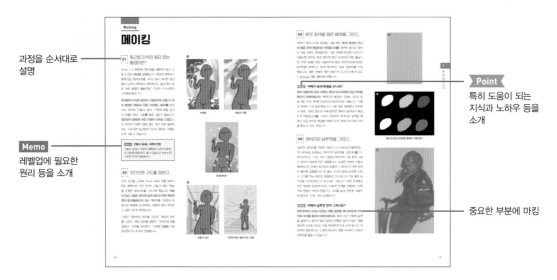

Point
특히 도움이 되는
지식과 노하우 등을
소개

중요한 부분에 마킹

● **Perspective 페이지** : 원근법의 원리와 퍼스 브러시, 퍼스자 사용법

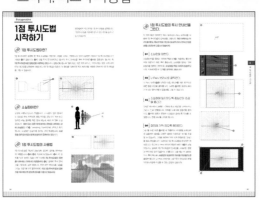

● **Technique 페이지** : 자주 쓰이는 배경 요소 그리는 법과 중요 테크닉

특전 데이터 다운로드 방법

특전으로 제공하는 브러시 파일/화상 파일은 부록CD다운로드 페이지에서 배포합니다. 다운로드는 아래의 주소에 접속해 '배경 그리기 노하우'를 입력하고 검색한 후❶ [부록CD다운로드] 버튼을 클릭하고❷, 다운받은 뒤에 패스워드(**패스워드는 Index 페이지(p.207) 항목에서 'EL'의 페이지 번호입니다.**)를 입력하면 압축이 해제됩니다.

[부록CD다운로드] 페이지
http://www.youngjin.com/reader/pds/pds.asp

브러시 파일은 CLIP STUDIO PAINT PRO 1.7.3에서 동작을 확인했습니다. 이전 버전에서는 동작되지 않을 가능성이 있으니, 미리 확인하시기 바랍니다.

 # 특전 브러시 파일 등록 방법

압축을 해제한 폴더 속에 사용하고 싶은 브러시를 선택하고, CLIP STUDIO PAINT의 [보조 도구] 창으로 드래그&드롭하면 등록할 수 있습니다❸.

등록한 브러시(보조 도구)를 다시 [도구] 창이나 [보조 도구] 그룹으로 드래그&드롭해❹, 사용하기 쉬운 위치에 브러시를 정리해두면 편리합니다❺.

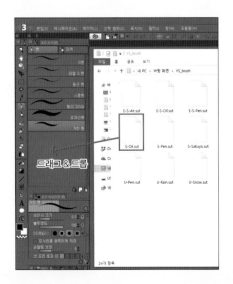

디지털 일러스트의 기본

가장 먼저 책의 내용을 쉽게 이해할 수 있도록 디지털 일러스트의 기초를 설명합니다. CLIP STUDIO PAINT는 기능이 무척 다양하지만, 그림을 그릴 때 실제로 사용하는 도구는 그렇게 많지 않습니다. 효율적인 작업은 많은 기능을 사용하는 것이 아니라 제한된 기능을 제대로 활용하는 것이 중요합니다.

Introduction에서
소개할 내용

● 입체를 그리는 기본(p.22)

깊이가 있는 공간을 그릴 때는 '물체 표면의 흐름'을 파악할 필요가 있습니다. 이 책에서 가장 중요한 부분 중 하나인 입체를 그리는 기초 지식입니다.

● 특전 브러시와
  기본 용어 일람(p.24)

이 책에서 사용하는 24종의 특전 브러시와 그림의 기본 용어를 몇 가지 소개합니다. 모든 일러스트는 특전 브러시만으로 그렸습니다.

● CLIP STUDIO PAINT
  기본 사용법(p.28)

CLIP STUDIO PAINT에서 특전 브러시를 사용해 그림을 그리는 기본 과정과 조작 방법을 설명합니다. 3종류의 브러시만 제대로 사용하면 어떤 그림이든 그릴 수 있습니다.

입체를 그리는 기본

입체를 그리는 기본은 물체의 면을 파악해 형태를 잡는 것입니다. '면을 파악하는 기술'은 그림에서 가장 중요한 기술입니다.

📎 입체를 그리는 기본은 면을 파악하는 것

입체와 깊이가 있는 공간을 표현하려면 '면을 파악하는 기술'로 '물체 표면의 흐름'을 포착할 필요가 있습니다. 흐름을 각도라는 말로 바꿔도 되지만, 실제로 그림을 그릴 때는 각도라는 명확한 수치가 아니라 감각으로 파악하기 때문에, 이 책에서는 흐름이라고 합니다.

📎 사물의 면을 활용해 그리는 방법

❶의 상자를 예로 면을 파악하고, 실제로 그리는 순서를 소개합니다.

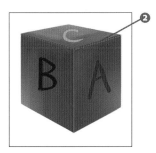

[01] 면과 면의 경계를 찾는다.

상자❶을 잘 관찰하고, 면과 면의 경계❷를 찾습니다. 그러면 상자가 3개의 면인 A, B, C로 구성되어 있는 것을 알 수 있습니다.

[02] 머릿속에서 상자를 만진다.

❸처럼 머릿속으로 3개의 면을 화살표 방향으로 쓰다듬는 느낌으로 만져보세요. 그러면 각 면의 흐름을 파악할 수 있습니다.

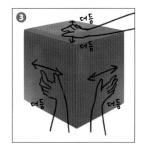

[03] 선으로 밑그림을 그린다.

면의 흐름을 파악했다면 그리기 시작합니다. 우선 면의 경계선❷와 윤곽선으로 간단한 밑그림을 그립니다❹.

[04] 면의 방향을 의식하면서 그린다.

다음은 면을 칠합니다. 검정에서 파악한 면의 방향을 의식하면서 브러시를 움직입니다. A면은 ❺, B면은 ❻처럼 브러시를 움직여서 칠합니다. 하지만 반드시 ❺와 ❻처럼 브러시를 움직일 필요는 없습니다. 어디까지나 머릿속 면의 흐름을 떠올리면서 형태를 표현할 때는 면의 방향을 따라서 브러시로 터치를 넣을 뿐입니다. 가장 중요한 점은 머릿속으로 만져본 상자의 흐름을 떠올리면서 터치를 넣는 것입니다.

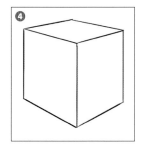

면을 파악하는 연습

면을 파악하는 기술을 익히려면, '유화 채색(디지털)', '수채', '목탄 데생' 등으로 그리는 방법이 유효합니다. 붓이나 브러시로 면(넓은 범위)을 칠할 수 있는 재료를 사용하므로, 면을 표현하는 연습에 적합합니다. 면을 쉽게 파악하려면 그리는 연습을 많이 하는 것이 가장 좋습니다❼.

제가 가장 추천하는 방법은 CLIP STUDIO PAINT와 같은 디지털 소프트웨어를 사용해 유화 채색을 하는 연습 방법입니다. 디지털이라는 도구에 익숙해지면서 면을 파악하는 연습도 할 수 있어서 효율이 좋습니다. 참고로 특전 브러시 중에서는 S-아 브러시(p.24)가 연습에 가장 적합합니다.

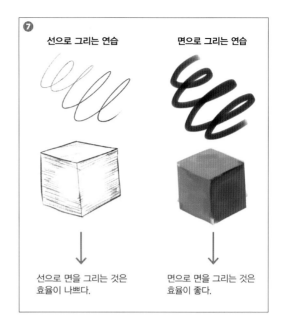

❼
선으로 그리는 연습   면으로 그리는 연습

선으로 면을 그리는 것은 효율이 나쁘다.   면으로 면을 그리는 것은 효율이 좋다.

 ## 그림 속의 모든 요소를 면으로 파악한다.

입체감이 있는 그림을 그리려면 그림 속의 모든 요소를 면으로 파악할 필요가 있습니다. ❽은 이 책의 표지 일러스트에 존재하는 면의 흐름을 표시한 것입니다.

캐릭터의 얼굴, 팔, 스커트는 물론이고, 배경의 구름과 하나의 건물에 이르기까지 모든 면의 흐름을 파악했습니다. 아래의 이미지를 보고 면을 파악하는 것은 무척 어려울 거라고 짐작하는 사람이 있을지도 모르겠습니다. 확실히 면을 파악하는 기술은 그림에서도 최고 난이도의 기술입니다. 하루 아침에 익힐 수 있는 것은 아닙니다. 하지만, 사물의 면을 표현할 수 있으면, 무엇이든 그릴 수 있게 됩니다.

❽

특전 브러시와 기본 용어 일람

특전 브러시로 그린 이미지와 함께 보면서 소개합니다. 이 책에서 사용하는 그림의 기본 용어도 함께 소개합니다.

특전 브러시

그리고 싶은 주제에 따라서 브러시를 구분해서 사용하면 다양한 사물을 효율적으로 그릴 수 있습니다. 다양한 그림을 그리는 데 필요한 24종의 브러시를 받을 수 있습니다. 브러시 다운로드 방법과 CLIP STUDIO PAINT에 등록하는 방법은 p.19를 참고하세요.

기본 브러시

모든 상황에 사용할 수 있는 만능 브러시입니다. 이 책의 메이킹은 전부 24종의 특전 브러시를 사용해서 그렸습니다. 브러시 이름의 S−는 Smooth의 약자로 매끄러운 질감을 뜻하며, T−는 Texture의 약자로 텍스처를 사용한 거친 질감을 뜻합니다.

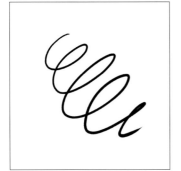

❶ S-Pen 브러시 : 잉크펜 같은 브러시. 필압에 따라 두께가 급격하게 변한다. 매끄럽고 선명한 선과 터치를 넣을 수 있다. 마무리 작업에 사용할 때가 많다.

❷ S-Oil 브러시 : 유채의 매끄러운 터치가 가능한 브러시. 필압에 따라 선명함과 불투명도가 변한다. 밑그림부터 마무리 작업, 캐릭터부터 배경까지 다양한 곳에 사용한다.

❸ S-Sakuyo 브러시 : 애니메이션 배경에서 사용하는 깎아내는 브러시. 필압에 따라 브러시의 두께, 불투명도가 급격하게 변한다. 주로 식물 같은 자연물에 사용한다.

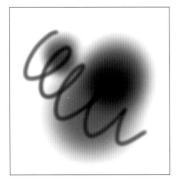

❹ S-Air 브러시 : 에어브러시와 같은 느낌의 브러시. 필압에 따라 두께, 불투명도가 변한다. 주로 매끄러운 그라데이션을 넣는데 사용한다.

❺ T-Line 브러시 : 끝이 갈라진 붓과 같은 브러시. 필압에 따라 불투명도가 변한다. 주로 잔디 같은 식물과 밑그림 등에 사용한다.

❻ T-Sakuyo 브러시 : S−Sakuyo 브러시에 텍스처를 더해 아날로그 느낌의 자국을 재현한 브러시. 필압에 따라서 두께와 불투명도가 변한다. 주로 식물의 밑그림, 묘사에 사용한다.

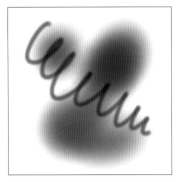

❼ T-Air 브러시 : 에어브러시에 있는 아날로그 느낌의 입자를 재현한 브러시. 필압에 따라 두께와 불투명도가 변한다. 주로 뿌연 빛 등을 표현하는 데 사용한다.

❽ T-Chalk 브러시 : 초크의 거친 질감의 브러시. 필압에 따라 불투명도가 변한다. 주로 그림의 밑그림이나 정보량이 필요한 부분에 사용한다.

❾ T-Pastel 브러시 : 파스텔 같은 브러시. 필압에 따라 불투명도가 변한다. 주로 하늘과 지면의 밑그림에 사용한다.

 ## 지우개 브러시

기본 브러시의 합성 모드를 [삭제]로 설정하면 지우개처럼 사용할 수 있는 브러시입니다. E-는 Eraser의 약자입니다. 참고 이미지는 검은색 베이스를 지운 것입니다.

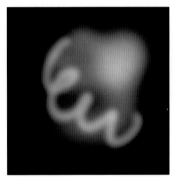

❿ E-S-Pen 브러시 : S-Pen 브러시를 지우개로 설정한 브러시. 선명하게 지울 수 있는 특성을 이용해 실루엣을 강조할 때 사용한다.

⓫ E-S-Air 브러시 : S-Air 브러시를 지우개로 설정한 브러시. 그라데이션을 조절하는 등 부분을 연하게 하고 싶을 때 사용한다.

⓬ E-S-Oil 브러시 : S-Oil 브러시를 지우개로 설정한 브러시. 필압에 따라서 흐릿하게 지운 부분과 선명하게 지운 부분을 조절할 수 있다. 기본은 S-Oil 브러시와 함께 사용한다.

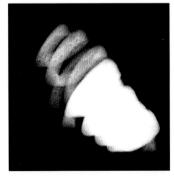

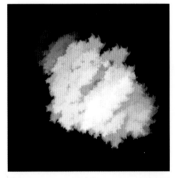

⓭ E-T-Chalk 브러시 : T-Chalk 브러시를 지우개로 설정한 브러시. 터치를 지워서 거친 질감을 묘사할 때 사용한다.

⓮ E-U-Cloud 브러시 : U-Cloud 브러시를 지우개로 설정한 브러시. 연기나 구름 등을 부분적으로 지워서 변화를 더할 때 사용한다.

 # 특수 브러시

특수한 배경 요소를 그릴 때 편리한 브러시입니다. U−는 Unique의 약자로 특수한 브러시를 뜻합니다. 특수 브러시를 사용하면 편하게 배경을 그릴 수 있지만, 이 책에서는 기본 브러시의 사용법을 익히는 데 중점을 두고 있으므로, 최소한으로 사용합니다.

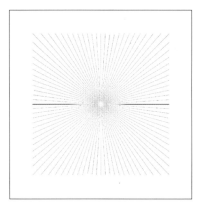

❶❺ **U−Pers 브러시 :** 변형만으로 정확한 투시안내선을 간단히 그릴 수 있는 브러시. **Scene 4, 5, 6, 7**에서 사용한다. 자세한 사용법은 p.91 참조.

❶❻ **U−Cloud 브러시 :** 보통 브러시로 그리기 어려운 구름이나 연기 같은 복잡한 변화를 간단히 그릴 수 있는 브러시. 필압에 따라서 두께와 불투명도가 변한다. **Scene 7** 등에서 사용한다.

❶❼ **U−Rain 브러시 :** 내리는 빗방울을 간단히 그릴 수 있는 브러시. 필압에 따라 빗방울의 크기와 밀도가 변한다.

❶❽ **U−Snow 브러시 :** 내리는 눈을 간단히 그릴 수 있는 브러시. 필압에 따라 눈 입자의 크기와 불투명도가 변한다. **Scene 5**에서 사용한다.

❶❾ **U−Star 브러시 :** 별이 가득한 하늘을 간단히 그릴 수 있는 브러시. 필압에 따라 밀도와 불투명도가 변한다.

❷⓿ **U−Grass 브러시 :** 촘촘히 자란 풀의 실루엣을 간단히 그릴 수 있는 브러시. 필압에 따라 풀의 크기가 브러시를 움직이는 방향에 따라 풀의 방향이 변한다.

🖋 흐리기 브러시

터치를 흐릿하게 다듬거나 변화를 더하는 데 사용하는 브러시입니다. G-는 Gradation의 약자로 흐리게 만드는 브러시라는 의미입니다.

㉑ G-Paper 브러시 : 먹물이 스며드는 한지의 질감을 재현한 브러시. 하늘과 구름 등에 아날로그의 질감을 필요할 때 사용한다.

㉒ G-S-Oil 브러시 : S-Oil 브러시를 흐릿하게 설정한 브러시. 부드럽게 색이 번져서 캐릭터 채색에 사용한다.

㉓ G-Finger 브러시 : 손가락으로 물감을 늘인 듯한 표현이 가능한 브러시. 주로 물과 이펙트 등에서 변화기 필요할 때 사용한다.

🖋 이 책에서 사용한 기본 용어

● 예제) 구체

구체를 예로 기본 용어를 간단히 설명합니다.

- **터치❶** : 선을 긋고, 점을 찍고, 지그재그로 펜을 다양하게 움직여 표현하는 브러시의 자국.
- **형태❷** : 그림을 그릴 때, 어디에, 어느 정도의 크기로, 어떤 것을 그릴지 등의 기준을 잡는 선화와 실루엣은 밑그림의 역할을 할 때가 많다.
- **밑그림❸** : 마무리 작업(묘사)에 들어가기 전 단계인 거친 브러시 터치가 남아서 정보량이 있는 밑바탕.
- **하이라이트❹** : 빛을 가장 많이 반사하는 밝은 부분.
- **하프톤(중간색)❺** : 하이라이트와 그림자의 중간 부분. 컬러써클에서 상자의 중심 부근❻.
- **그림자❼** : 빛이 닿지 않아 어두운 부분.
- **반사광❽** : 지면에 닿은 빛 등을 반사해 밝아진 부분.
- **고유색** : 토마토나 딸기의 빨간색처럼 물체가 가진 고유한 색을 의미한다.

㉔ G-U-Cloud 브러시 : U-Cloud 브러시를 흐릿하게 설정한 브러시. 구름처럼 흐릿한 느낌을 표현할 수 있어서 주로 하늘과 구름에 사용한다.

● 색

색이 가진 3가지 속성을 알고 색을 선택합니다. 컬러써클에서 3가지 속성을 기준으로 색을 선택하는 방법을 소개합니다.

- **색조** : 색감을 뜻한다. 컬러써클의 원❾를 움직이면 바뀐다.
- **명도** : 색의 밝기. 흰색이 가장 밝고, 검은색이 가장 어두운 색이며, 위아래의 위치❿으로 정해진다.
- **채도** : 색의 선명함. 좌우의 위치⓫로 정해진다.

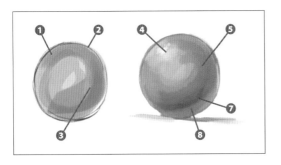

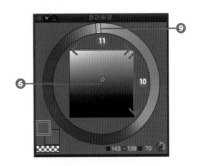

CLIP STUDIO PAINT
기본 사용법

지금부터 특전 브러시를 사용해 어떤 식으로 그림을 그리는지 가장 기본 사항을 설명합니다.

브러시 다운로드와 설정에 대해서는 p.19를 확인하세요.

그림을 그릴 때 사용하는 브러시

특전으로 제공하는 브러시와 [스포이트] 도구가 있으면 어떤 것이라도 그릴 수 있습니다.

• 기본 브러시(p.24)

• 지우개 브러시(p.25)

• 흐리기 브러시(p.27)

• [스포이트] 도구

구체를 그린다.

구체를 그려보겠습니다.

[01] 파일을 작성한다.

CLIP STUDIO PAINT를 실행하고 단축키([Ctrl]
+[N])로 신규 파일을 작성합니다. 캔버스의 크
기는 기본적으로 폭 · 높이를 2000px 이상, 해
상도 350dpi까지 올리면 대부분의 인쇄가 가
능한 크기이므로 추천합니다❶. [용지 색]에 체
크를 하고❷, 설정이 끝나면 [OK]를 클릭합니
다.

[02] 레이어 상태를 확인한다.

[레이어] 창에는 '레이어 1' 레이어와 '용지' 레
이어가 표시됩니다. 처음에는 '레이어 1' 레이어
에 그림을 그립니다. 이 레이어를 선택한 상태
❸으로 일러스트 작업을 시작합니다.

[레이어] 창과 같은 각종 창이 표시되지 않을
때는 메뉴 [창]에서 선택하면 됩니다.

[03] 기본 브러시를 선택한다.

[보조 도구] 창에서 이 책의 기본 브러시(p.24)
인 S-Oil 브러시④를 선택하고, [도구 속성] 창에
서 [브러시 크기 : 80px], [불투명도 : 40%]⑤로
설정합니다. 색은 [컬러써클] 창에서 회색[R112/
G112/B112]을 선택했습니다⑥. 이것으로 준비는
끝입니다.

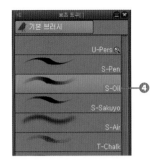

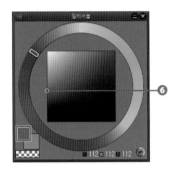

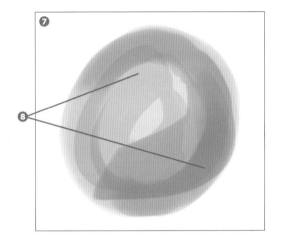

[04] 실루엣을 그린다.

원을 그리듯이 브러시를 움직여 실루엣을 그립
니다⑦. 실루엣부터 그리면 어떤 구체를 그리는
지 떠올리기 쉽습니다. 여러 개의 터치를 겹쳐서
색의 변화⑧을 만드는 것이 포인트입니다.

[05] 선화 레이어를 작성한다.

실루엣을 그린 뒤에 선화를 그립니다. 선화는 다
른 레이어에 그립니다. [레이어] 메뉴의 [신규 레
이어]→[래스터 레이어]를 선택하고, [OK]를 클
릭하면 [레이어] 창에 '레이어 2' 레이어⑨가 작
성됩니다. 래스터 레이어란 일반적으로 사용하
는 레이어입니다.

참고로 단축키 [Ctrl]+[Shift]+[N]으로 래스터 레
이어를 작성할 수 있습니다. 단축키는 무척 편리
하니 꼭 알아두세요.

[06] 구체의 선화를 그린다.

기본 브러시에서 S-Pen 브러시를 [브러시 크기
: 30px], [불투명도 : 30%]로 설정하고, '레이어 2'
레이어에 구체의 윤곽선을 그립니다. 선은 길게
그리는 것보다 짧은 선으로 실루엣과 겹치도록
그리면 편합니다⑩.

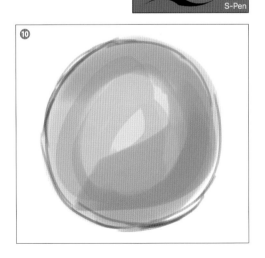

[07] 그림자 레이어를 작성하고, 그림자를 그린다.

그림자도 방금처럼 추가로 작성한 신규 레이어에 그립니다⓫.

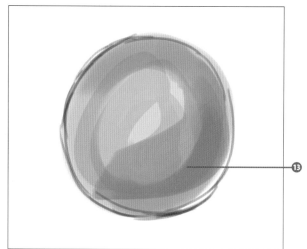

그림자 색은 그리는 그림에서 추출합니다. [도구] 창에서 [스포이트] 도구⓬를 선택하고, 진한 부분⓭에서 색을 추출합니다. [도구] 창에서 선택하지 않아도 [Alt]를 누르고 있으면 [스포이트] 도구로 바뀝니다. 실제로 그릴 때는 [Alt]를 누른 채로 색을 찍고, [Alt]를 놓고 본래 브러시로 돌아가는 조작을 계속해서 반복합니다.

브러시는 기본 브러시 중에서 S-에 브러시를 선택합니다. 지금부터는 S-에 브러시의 불투명도를 70%로 올리고 흐릿한 부분을 선명하게 다듬습니다.

구체의 오른쪽⓮를 칠해 그림자를 넣습니다. 터치는 면의 흐름(p.22)을 의식하면서 넣으면 입체감을 표현하기 쉽습니다. 구체의 면을 따라서 쓰다듬듯이 느낌입니다. 구체에 생긴 그림자를 그린 뒤에 구체가 지면에 만든 그림자도 그립니다. 물체가 지면에 만드는 그림자는 그곳에 사물이 있다는 느낌을 보는 사람에게 전달하는 중요한 포인트입니다.

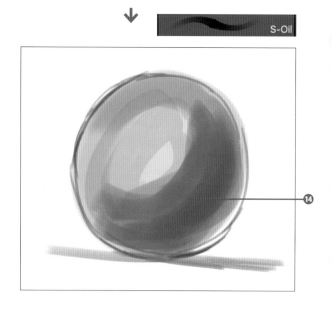

[08] 레이어를 결합한다.

실루엣, 선화, 그림자 레이어를 결합합니다. 레이어로 나눈 이유는 선화와 그림을 각각 수정하기 쉽기 때문입니다. 그러나 어느 정도 진행한 뒤에는 실루엣, 선화, 그림자를 결합해, 하나의 레이어로 만드는 편이 수정하기 쉽습니다. 이번 단계가 마무리 작업이므로 3개의 레이어를 결합합니다. [Shift]를 누른 채로 결합할 레이어를 클릭으로 선택하고⓯, 단축키 [Shift]+[Alt]+[E]로 3개의 레이어를 결합할 수 있습니다.

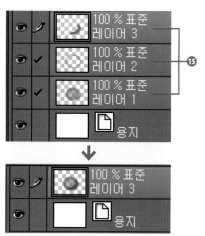

[09] 흐리기 브러시로 전체가 흐려지게 한다.

흐리기 브러시인 G-Paper 브러시를 [브러시 크기 : 170px]로 설정하고, 구체의 실루엣 내부의 그림자를 원을 그리듯이 흐릿하게 다듬어, 브러시 터치를 정리합니다⑯. 이때도 면의 흐름을 의식하는 것이 중요합니다.

[10] 지우개 브러시로 실루엣을 다듬는다.

E-S-Oil 브러시를 [브러시 크기 : 150px]로 설정하고 실루엣을 지우면서 정리합니다⑰. 지운다기보다는 깎아서 형태를 다듬는 식입니다.

[11] 하이라이트를 그린다.

S-Oil 브러시를 [브러시 크기 : 80px], [불투명도 : 80%]로 설정하고 하이라이트를 그립니다. 구체가 빛을 반사하는 것을 의식하면서 점을 찍듯이 흰색으로 터치를 넣고⑱, G-Paper 브러시로 구체를 흐릿하게 다듬으면 완성입니다. 하이라이트는 빛을 가장 반사하는 밝은 부분이므로 주로 흰색을 사용합니다.

> **Point** **지우개 브러시와 흐리기 브러시의 반복**

어떤 그림을 그리더라도 기본은 이 구체와 같습니다. 기본 브러시로 그린 것을 지우개 브러시로 정리하고, 흐리기 브러시로 다듬습니다. 지우개 브러시는 지운다기보다 형태를 정리하는 데 많이 사용합니다. 흐리기 브러시는 기본 브러시와 세트라고 생각하고, 그리고 흐리기를 반복합니다. 어떤 브러시라도 필압으로 다양한 변화를 표현할 수 있으므로 브러시 일람(p.24)을 보면서 재미 삼아 다양하게 시험해보면 좋습니다.

비 갠 뒤의 소녀

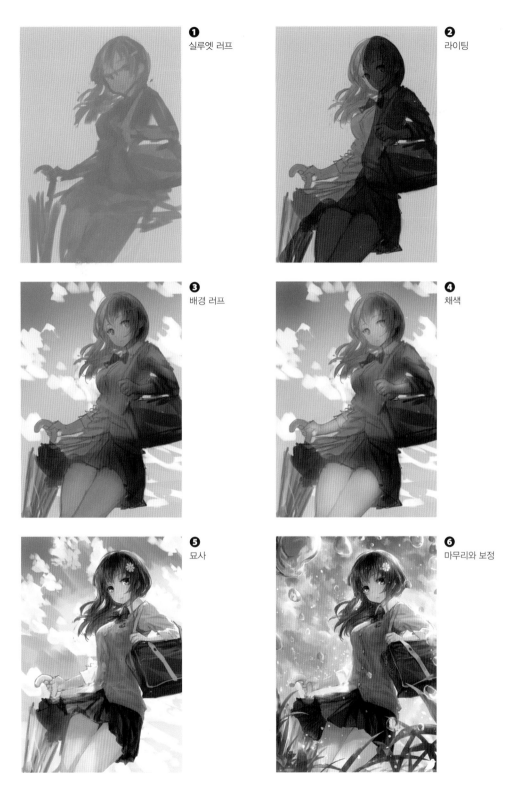

❶ 실루엣 러프

❷ 라이팅

❸ 배경 러프

❹ 채색

❺ 묘사

❻ 마무리와 보정

원근법의 지식을 사용하지 않고 배경을 그립니다. 캐릭터가 메인인 일러스트에서 하늘과 구름을 그리는 방법, 캐릭터를 매력적으로 표현하는 연출 위주로 설명합니다. '푸른 하늘로 소녀의 매력을 더 끌어올리자!'라는 콘셉트로 그린 일러스트입니다. 소나기가 그친 뒤의 상쾌한 공기와 맑게 갠 하늘을 좋아하는데, 그런 분위기를 연출하려고 소녀에게는 우산을 쥐여주고, 물방울을 많이 넣어 보았습니다.

 2508×3541px

 약 10시간

메이킹

01 원근법 지식이 필요 없는 배경이란?

Scene 1, 2, 3에서는 원근법을 사용하지 않고 그릴 수 있는 배경을 설명합니다. '배경과 캐릭터가 함께 있는 일러스트를 그리고 싶다. 하지만 원근법이 도무지 어려워서 생각하기도 싫다.'라는 분은 어떤 배경이 좋을까요? 우선은 거기서부터 시작해보겠습니다.

원근법의 지식이 없어도 그럴듯하게 그릴 수 있는 배경은 '하늘과 구름', '자연물', '효과'❶ 등입니다. 반대로 '건물과 실내', '지면에 발을 딛고 선 인물이 있는 그림'❷ 등은 그릴 수 없습니다. 원근법이 필요한 것은 지면이 보이는 그림입니다. 따라서 지면이 필요 없는 약간 위로 올려다보는 구도라면 원근법의 지식이 없어도 그럴듯하게 그릴 수 있습니다.

> **Memo** 건물과 실내는 지면의 연장
> 건물과 실내는 지면과 정확하게 수평/수직이므로 지면의 연장이라고 할 수 있습니다. 따라서 원근법의 지식이 필요합니다.

02 모티브와 구도를 정한다.

01의 조건을 고려해, Scene 1에서 무릎 아래가 없는 캐릭터와 가장 간단히 그릴 수 있는 '하늘'을 조합한 일러스트를 그리기로 했습니다. 하늘이 있는 그림은 공간이 넓게 보이고 어떤 캐릭터에도 잘 어울립니다. 평소 캐릭터를 그리면서 처음으로 배경에 도전하려는 분에게 특히 추천하고 싶은 구도와 배경입니다.

다음은 '캐릭터의 러프를 그린다', '배경의 러프를 그린다', '메인 컬러를 칠한다', '캐릭터에 색을 칠한다', '전체를 묘사한다', '다양한 연출을 더해 완성한다'의 순서로 진행합니다.

자연물

하늘과 구름

효과(effect)

건물과 실내

지면에 발이 붙어 있는 인물

03 밝은 회색을 채운 배경을 그린다.

캐릭터 일러스트에 배경을 그릴 때는 **흰색 배경이 아니라
밝은 회색 배경으로 시작합니다**❸. 회색의 밝기는 원하는
대로 정해도 문제없지만, 그림 전체의 완성된 이미지가 어
둡다면 어두운 회색, 밝다면 밝은 회색이 좋습니다. 이번 배
경은 밝은 하늘이므로 밝은 회색[R209/G209/B209]을 선
택하고, 밑색 레이어인 '하늘' 레이어를 작성했습니다. 화면
전체의 색은 [채우기] 도구의 단축키(Alt + Backspace)를
사용하면 편합니다.

▶Point◀ 어째서 회색 배경을 쓰나요?

회색 배경으로 하는 이유는 완성 이미지와의 인상 차이를
줄이기 위해서입니다. 캐릭터의 배경에 그림을 그리지 않을
때는 주로 흰색[R255/G255/B255]으로 채웁니다. 흰색은
가장 밝은색입니다. 다른 색은 흰색보다 어두워서 배경 그
림을 명도로 바꿔 말하면 흰색의 밑색보다 확실하게 어둡
습니다❹. 그래서 처음부터 회색으로 밑색을 채워서 조금
어두운 배경을 만들어 두면, 완성 이미지와 차이를 줄일 수
있는 것입니다.

04 캐릭터의 실루엣을 그린다.

'실루엣' 레이어를 작성한 뒤에 S-Oil 브러시의 [불투명도 :
70~90%]로 설정하고, 캐릭터의 실루엣을 그립니다❺. S-
Oil 브러시는 그리는 맛이 가볍고 매끄러워 기분 좋게 그릴
수 있어서 러프에 자주 사용합니다. 상세한 인체의 비율과
형태보다도 전체의 움직임과 흐름이 느껴지는지, 어떤 장면
이 될지에 집중합니다. 이 정도 크기의 일러스트라면 브러
시 크기를 70px 정도로 설정하고, 지그재그의 기분 좋은 움
직임을 의식하면서 큰 브러시로 그립니다. 이번 단계에서
세밀한 묘사를 해도, 이후의 단계를 진행하다 보면 거의 영
향이 미치지 못합니다. 시야를 넓게, 편안한 마음으로 즐겁
게 그리는 것이 요령입니다.

▶Point◀ 어째서 실루엣 먼저 그리나요?

실루엣부터 그리는 이유는 색을 칠했을 때 머릿속의 이미
지와 차이를 줄이기 위해서입니다. 애써 그린 선화에 밑색
을 넣었더니 생각과 많이 달랐던 경험은 없으신가요? 색을
칠하면 선으로 보았던 것을 면(실루엣)으로 보게 됩니다. 처
음부터 실루엣으로 그리면 러프부터 면을 의식하기 쉬워서
위화감을 줄일 수 있습니다.

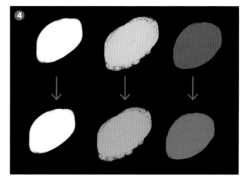

명도만으로 비교하면 흰색이 가장 밝다.

05 캐릭터의 러프 선화를 그린다.

레이어와 브러시를 바꾸지 않고, 그리기색만 어둡게 해서 실루엣 위에 선화를 그립니다 . 선화가 어느 정도 완성되면 지우개로 사용할 E-S-Oil 브러시의 [불투명도 : 70%]로 설정하고 선화를 기준으로 실루엣을 다듬습니다. 선화라고 해도 너무 작은 부분은 무시하고 그림자⑦도 동시에 그리면 좋습니다. 선화를 그리면서 인체의 밸런스와 팔이나 다리 등 수정할 부분을 바로 고칩니다.

> **Point** 지우개로 사용하는 브러시

E-S-Oil 브러시는 합성 모드가 [삭제]로 설정한 S-Oil 브러시입니다. 지우개로 쓸 수 있는 브러시는 E(Eraser)라는 이니셜이 붙습니다.

> **Point** S-Oil 브러시를 사용해 간단한 러프 그리는 법

1. 큰 S-Oil 브러시의 [불투명도 : 70%]로 설정하고 대강 윤곽을 그립니다.

2. S-Oil 브러시로 윤곽선 내부를 1보다도 약간 어두운색으로 채웁니다. 실루엣을 선명하게 인식할 수 있습니다.

3. 좀 더 어두운색을 사용해 눈과 머리카락, 목의 그림자 등 어두운 부분을 그립니다.

4. E-S-Oil 브러시를 사용해 실루엣을 정리하고, 선명해지도록 브러시 크기를 줄여서 눈과 머리카락, 윤곽 등에 선을 넣습니다. 완전한 검은색은 사용하지 않고, 한 단계 더 어두운 검은색에 가까운 회색이면 딱 적당합니다.

06 캐릭터의 라이팅을 넣는다.

러프 선화의 정리가 끝난 뒤에 라이팅을 합니다
8. 이 그림에서는 캐릭터보다도 배경인 하늘을
밝게 하고 싶어서, 역광을 적용했습니다. 따라서
캐릭터 전체를 어둡게 처리합니다. **역광이라고
해서 얼굴은 너무 어두워지지 않게 하는 것이 소
녀를 보기 좋게 표현하는 요령입니다.** 물론 현실
에서는 어둡지만, 보기 좋은 그림이 되도록 의도
적으로 무시합니다.

가장 위에 [곱하기] 모드로 '머리카락' 레이어를
추가하고 **9**. [아래 레이어에서 클리핑] **10**을 적용
합니다. S-Air 브러시의 [불투명도 : 30%]로 설
정하고 대강 그림자를 그립니다 **11**. 그림자를 그
릴 때는 빛의 방향을 의식합니다. 이번에는 왼
쪽 위에서 빛이 들어오므로, 소녀의 오른쪽 아래
에 진한 그림자를 추가했습니다. [곱하기] 모드
레이어를 사용하면, 브러시로 그리는 방법 이외
에 지우개 브러시(E-S-Air 브러시의 [불투명도 :
40%])를 사용해 적당히 지우는 방법으로도 섬세
한 그라데이션을 간단히 만들 수 있습니다.

캐릭터의 그림자를 대강 그리고, 이런 식으로 빛
을 더해 머릿속의 이미지에 가까워지면, 라이팅
은 끝입니다. 라이팅이 끝난 뒤에 지우개 브러시
로 캐릭터의 실루엣을 정리하기 쉽도록 '머리카
락' 레이어와 '실루엣' 레이어를 결합합니다.

참조 Memo : 클리핑 마스크(p.41)

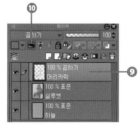

▶Point◀ 라이팅이란 무엇인가?

그림자는 입체를 표현하고 공간을 만드는 도구입니다. 도구이므로 제대로 사용하는 것이 중요합니다. 그림에서 표현한 그림
자는 현실에 존재하지 않습니다. 그림자를 넣고 싶은 부분이나 어둡게 하고 싶은 부분을 그린다는 의식이 중요합니다. 그림
자를 원하는 위치에 넣으려면 빛의 위치와 방향도 생각해야 합니다. 이것이 라이팅입니다.

▶Point◀ 빛의 이미지를 떠올리는 방법

머릿속에서 빛의 이미지를 확실하게 잡는 것이 중요하므로, **12**처럼 강한 그림자를 두고 작은 부분을 무시하면서 전체의 그
림자를 그리면 좋습니다. 그림에서 라이팅은 러프 단계에서 완벽하게 설정하는 방법과 처음에는 대강 빛과 어둠을 구분하
고 마무리 단계에서 조금씩 세부를 잡아가는 방법이 있습니다. 아날로그 작업이라면 도중에 수정이 어렵기 때문에 러프에
서 완벽하게 설정하는 방법이 주류였지만, 디지털에서는 얼마든지 수정이 가능한 이점을 살립니다. **처음부터 확실하게 정하
지 않는 만큼 정신적인 부담이 덜한 조금씩 잡아가는 방법을 추천하고 싶습니다.** 이 책의 작품은 라이팅을 조금씩 잡아나
가는 방법으로 그렸습니다.

07 하늘과 구름의 실루엣을 그린다.

지금부터 메인 테마인 배경에 들어갑니다. 우선 S-에 브러시를 [불투명도 : 80%], [브러시 크기 : 80px 정도]로 설정하고 하늘과 구름을 그립니다 ⑬. 캐릭터 레이어 아래에 '하늘' 레이어와 '구름' 레이어를 추가하고, 각각 그립니다. 하늘 레이어에는 밝은 회색에서 어두운 회색으로 변하는 그라데이션을 올립니다. 기본적으로 아래를 밝게, 위를 어둡게 합니다. 하늘은 위로 갈수록 파란색이 짙어지기 때문입니다.

구름은 그림의 흐름을 더해 캐릭터를 돋보이게 하는 장치로 이용했습니다. 기본적으로 캐릭터에는 얼굴에서 발 쪽으로 흐름이 생깁니다. 따라서 캐릭터의 오른쪽 위에서 왼쪽 아래로 향하는 흐름⑭를 구름의 오른쪽 아래에서 왼쪽 위로 향하는 흐름⑮로 상쇄시킨 것입니다. 이런 식으로 교차하는 동선은 교차점에 시선이 집중되고, 그림 전체의 흐름이 일방통행이 되지 않도록 하는 효과가 있습니다.

또한, 캐릭터의 실루엣이 돋보이도록 캐릭터 뒤에 밝은 구름⑯을 그렸습니다. 여기는 일단 세밀한 구름의 느낌을 올려두고, 앞서 말했던 구름의 역할을 제대로 하는지, 전체를 보았을 때 밸런스가 괜찮은지 꼭 확인해야 합니다. 밑에서 올려다본 구도의 구름 실루엣은 큰 브러시로 점을 찍는 식으로 그리는 방법을 추천합니다.

참조 Technique : 구름 그리는 방법(p.48)

> **Memo** 전체의 분위기가 중요하다
>
> 배경이 있는 그림을 보았을 때의 첫인상은 전체의 분위기로 정해집니다. 그림을 그리다 보면 아무래도 사소한 포인트가 신경이 쓰이지만, 우선은 꾹 참고 전체를 고르게 살펴야 합니다. 액정 펜타블렛을 사용하는 사람은 얼굴과 화면이 가까워지지 않도록 의식할 필요가 있습니다. 얼굴이 가까우면 시야가 좁아지고 전체를 살피기 어렵습니다. 일정 거리를 유지하면서 시야를 넓게 확보하고, 항상 전체를 보는 것이 중요합니다.

Point 구름의 역할

그림에서 구름은 3가지 역할을 합니다. 이번 그림에서는 c의 역할입니다.

a. 메인 요소인 구름
하늘의 구름이 메인 요소의 역할을 하는 상황입니다. 구름이 주역이므로 가장 많이 묘사할 필요가 있습니다.

b. 깊이를 표현하는 구름
구름의 흐름으로 시선을 유도하고, 화면의 깊이를 표현하는 구름입니다. 원근의 흐름에 주의해서 그릴 필요가 있습니다.

c. 앞쪽의 요소를 강조하는 구름
하늘 앞에 있는 요소를 강조할 때 주로 밝게 그립니다.

08 전체를 하늘의 메인 컬러로 채색한다.

가장 위에 [오버레이] 모드로 '채색' 레이어를 작성하고, 하늘의 메인 컬러인 파란색으로 전체를 칠합니다 **⑰**. 캐릭터의 그림자에도 하늘의 색을 반사하므로 같은 파란색으로 그림자를 칠합니다. S–Air 브러시를 사용합니다. S–Air 브러시는 그라데이션을 간단하게 만들 수 있어서 원근감을 표현하기 쉽습니다. 메인 컬러는 말 그대로 그림의 메인이 되는 색입니다. 이번에는 하늘의 면적이 넓어서 파란색을 사용했지만, 예를 들어 초원이 대부분인 그림이라면 청록색을 사용하는 식으로 그림에서 가장 넓은 부분을 차지하는 색을 쓰면 좋습니다.

▶Point◀ 파란색을 활용한다.

초원에서는 청록색을 쓴다고 이미 설명했는데, '어째서 녹색이 아니라 청록색?'이라고 생각하신 분도 계실 겁니다. 파란색은 그림에서 특별한 색이며, 원근감과 그림자를 표현하는 데 자주 사용합니다. 멀리 있는 사물에 하늘의 파란색을 섞어 원근감을 표현하거나(공기원근법) **⑱**. 그림자에 하늘의 색을 섞어 하늘을 반사하는 표현 **⑲**를 더해 그림자를 더 매력적으로 만들 수 있기 때문입니다. '그림자는 빛이 닿지 않아서 춥다. 따라서 한색인 파란색을 사용한다.'고 기억해두면 좋습니다. 어떤 그림이라도 그림자에 파란색을 섞으면 자연스럽고 선명한 인상을 연출할 수 있습니다.

> **Memo** 공기원근법이란?
> 대기의 성질을 표현해 깊이를 나타내는 기법입니다. 지구상에서는 멀리 떨어진 물체일수록 윤곽이 흐리고, 뿌옇게 보입니다. 이것을 하늘의 색과 빛의 색을 섞어서 표현합니다. 그림자에는 하늘의 색이 진하게 반영되는 것이 특징입니다.

> **Memo** 표현은 현실에서
> 그림자는 하늘의 색을 잘 반사합니다. 실제로는 그렇게 진하게 드러나지 않지만, 그림을 더 아름답게 표현하려고 의도적으로 과장합니다. 그림의 표현 기법과 테크닉은 그림의 매력으로 높이기 위해 현실에서 일어나는 현상을 과장한 것이 대부분입니다. 최근 흔하게 볼 수 있는 캐릭터 머리카락의 밝은 빨간색 하이라이트를 그려 넣는 테크닉 **⑳**도, 사진에서 발생한 색 수차라는 현상을 과장한 것입니다.

⑱

↓

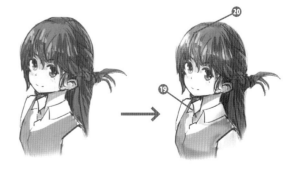

09 캐릭터를 고유색으로 채색 한다.

이제 S-Air 브러시로 캐릭터의 피부부터 고유색을 칠합니다 . 만약을 대비해 새로 [오버레이] 레이어를 추가해도 됩니다. [오버레이] 레이어가 있으면 실패하더라도 지우개 브러시로 지우기만 하면 수정할 수 있습니다. 저는 작업에 익숙하므로 한 장의 레이어에 칠했습니다.

피부색부터 칠하는 이유는 옷과 머리카락은 피부 위에 있기 때문입니다. 피부를 칠한 뒤에 머리카락과 옷을 칠했습니다. 이미 회색으로 명암을 만들어 두었으므로, 흰색 셔츠에는 흰색, 하복 조끼에는 베이지색을 그대로 칠했습니다. ㉒는 어떤 색을 칠했는지 알기 쉽도록 [오버레이] 레이어를 [표준] 모드로 변경한 것입니다. 사소한 팁이지만, 캐릭터 앞머리 부분은 일부러 머리카락 색을 연하게 칠해 비치는 느낌을 표현했습니다 ㉓.

> **Memo** 완벽을 목표로 하지 않는다.
>
> 회색 밑그림에 [오버레이] 모드의 레이어를 사용해 색을 칠하는 방식은 음영과 색을 구분해서 생각할 수 있어 무척 편리한 기법이지만, 익숙하지 않은 분이 자주 하는 실수가 이 단계에서 완벽을 목표로 하는 것입니다. 어디까지나 밑색일 뿐이며, 본격적인 채색에 들어가면 [표준] 모드의 레이어에 채색합니다. 대략적으로 색을 올려두면 충분하다고 생각하시면 됩니다.

10 클립레이를 활용해 묘사한다.

앞서 작성한 [오버레이] 모드 레이어를 캐릭터와 배경 등의 [표준] 모드 레이어에 클리핑 마스크를 적용한 뒤에 레이어 결합을 하면, 각 레이어에 색이 들어갑니다. 이 기법을 '클립레이'라고 합니다. 저의 작업 방식에서는 사용빈도가 높아서 오토 액션으로 등록해두고 씁니다.

클립레이를 사용하면 레이어를 정리한 뒤에, [표준] 레이어를 각각 작성하고 캐릭터와 구름의 묘사에 들어갑니다.

참조 Technique : 구름 그리는 법(p.48)

> **Memo** 클리핑 마스크
>
> 클리핑 마스크는 베이스가 되는 아래 레이어에 그린 부분을 마스크로 사용하는 기능입니다.

> **Point** 클립레이로 색을 입힌다.

회색으로 그린 러프 선화와 배경 러프의 각 레이어에 [오버레이] 레이어에 그린 색을 입히는 것을 '클립레이'라고 합니다. 색을 입히고 싶은 러프 레이어 바로 위에 밑색을 칠한 [오버레이] 레이어를 복제하고, [아래 레이어에서 클리핑]을 클릭하면 클리핑 마스크를 씌운 상태가 됩니다. 다시 [오버레이] 레이어를 선택한 상태로 단축키 [Ctrl]+[E]를 누르면, 아래 레이어와 결합되고 러프 레이어에 색이 들어갑니다. 이것을 복제한 레이어의 수만큼 반복합니다.

> **Memo** 오토 액션 기능
>
> 자주 사용하는 기능과 순서를 소프트웨어에 기록하고, 클릭만으로 실행하는 기능입니다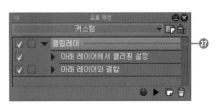. 저는 '클립레이'뿐만 아니라 인터넷 환경에 적합한 크기의 해상도로 축소하는 액션 등을 등록합니다. 그중에서도 클립레이는 무척 사용빈도가 높아서 전용 단축키를 지정하고 사용합니다.

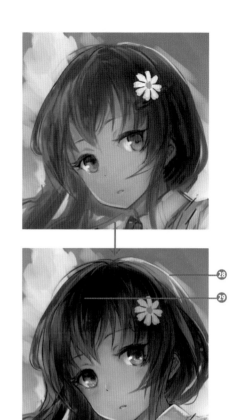

11 빛과 그림자를 의식하면서 캐릭터의 얼굴을 묘사한다.

S-에 브러시를 사용해 캐릭터의 얼굴을 중점적으로 묘사합니다. 캐릭터의 생김새와 실루엣을 강조해야 한다는 점을 의식하면서 빛이 닿는 부분에는 더 밝은색 ❷⑧, 어두운 부분에는 더 어두운색 ❷⑨로 묘사해 대비를 높입니다. 특히 눈은 색이 연하면 캐릭터가 배경에 묻혀버리므로, 진한 색을 선명하게 그리고 하이라이트를 넣어서 눈에 띄게 합니다.

> **Point** 왜 얼굴부터 그리는 건가요?

얼굴은 가장 시선이 집중되는 부분이므로 얼굴부터 묘사합니다. 시선이 집중되는 부분을 우선적으로 완성하면, 완성 이미지에 가장 빠르게 다가갈 수 있습니다. 사람은 그림을 볼 때 먼저 '얼굴', '인물', '대비가 높은 부분', '밝은 부분'에 주목합니다. 극단적으로 말하면 이 부분만 느낌이 좋으면, 그 그림은 좋은 그림이라고 인식합니다.

12 인체의 밸런스를 조절한다.

이미지가 잡히면, 인체의 밸런스를 다시 확인합니다 ❸⓪. 신규 레이어를 작성하고, 회색으로 채운 레이어의 불투명도를 낮추면 그림 전체가 흐릿해집니다. 그 상태로 선화를 그려서 인체의 중심선으로 각 부위의 방향과 팔, 다리, 허리 등의 위치, 자세에 어색한 부분은 없는지 확인합니다. 선이 잘 보이도록 빨간색으로 그립니다. 이번에는 허리~다리 부분을 살짝 조절했습니다. 선화는 이후로도 인체의 밸런스를 확인할 때마다 표시해서 사용했습니다.

> **Memo** 디지털은 어떤 순서라도 상관없다.
>
> 보통 인체의 밸런스는 러프 시점에 체크합니다. 하지만 디지털 일러스트에서는 언제 해도 괜찮습니다. 아무리 틀어지더라도 바로 되돌릴 수 있어서, 신경 쓰일 때는 바로 확인할 수 있습니다. 순서에 얽매이지 말고 여러분이 편한 순서를 찾아보세요.

13 전체의 색감을 조절한다.

[편집] 메뉴의 [색조 보정]→[컬러 밸런스]로 전체의 색감을 보정합니다③. 좀 더 상쾌하고 맑은 인상을 연출하고 싶어서 [중간조]를 마젠타(보라색)에 가깝게, [하이라이트]를 파란색에 가깝게 조절합니다㉜. [컬러 밸런스]는 슬라이더를 옮기기만 해도 밝은 부분과 어두운 부분의 밝은색을 세밀하게 조절할 수 있어서 무척 편리한 기능입니다. 저는 자주 사용하는 기능이므로 Ctrl + B 를 단축키로 지정했습니다.

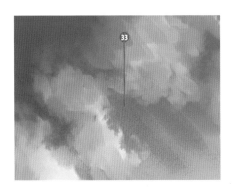

14 하늘과 캐릭터를 묘사한다.

하늘은 T-Chalk 브러시를 사용해 약간 종이 질감의 터치를 올려서 묘사합니다㉝. 배경은 이런 아날로그 질감이 있으면 좀 더 풍성한 느낌이 되므로, 고품질의 배경을 목표로 한다면 텍스처 느낌의 T브러시와 부드러운 S브러시를 구분해서 사용할 필요가 있습니다. 이번에는 구름의 흰색 부분에 T브러시, 구름의 그림자와 파란 하늘의 일부에 S브러시를 사용했습니다. 캐릭터 묘사에도 옷 부분은 T브러시, 피부와 머리카락은 S브러시를 사용해 강약을 더했습니다㉞.

15 풀의 실루엣을 그린다.

화면 전체에 파란색이 지나치게 많다는 느낌이 들어서 아래에 풀을 그려 넣었습니다. 가장 앞에 풀을 그려서 근경(풀), 중경(캐릭터), 원경(하늘과 구름)이 되도록 하면, 거리가 명확하게 나눠지므로 원근법을 쓰지 않아도 깊이가 생깁니다.

풀을 그릴 레이어를 작성하고, 풀밭에 카메라가 있는 모습으로 풀의 실루엣부터 그립니다 . 가장자리가 선명하고 깔끔한 실루엣을 그릴 수 있는 S-Pen 브러시를 [불투명도 : 100%]로 사용합니다. 한 번에 깔끔한 실루엣을 그리는 것이 이상적이지만, 좀처럼 쉽지 않으므로 E-S-Pen 브러시를 사용해 지우면서 그럴듯한 형태로 다듬습니다.

16 풀을 묘사한다.

풀의 실루엣을 그렸다면, 풀 레이어의 [투명 픽셀 잠금]❸⑥을 클릭합니다. 이 기능을 ON으로 설정하면 지금까지 그린 부분을 유지하면서 색이 벗어나는 것을 막을 수 있습니다❸⑦. 먼저 실루엣을 그린 뒤에 좁은 부분을 칠할 때 많이 쓰는 중요한 기능이므로 반드시 기억해두세요. 노이즈 텍스처가 들어간 에어브러시인 T-Air와 한 번에 여러 개의 선을 그릴 수 있는 텍스처 브러시인 T-Line을 사용합니다. 아래로 갈수록 빛이 닿지 않아서 어두워지는 풀의 특성을 의식하면서 브러시로 터치를 넣습니다❸⑧. 그림자 색은 파란색이 들어간 어두운 녹색입니다. 많은 묘사를 하지 않아도 이 점을 생각하면서 칠하면 리얼리티가 생깁니다.

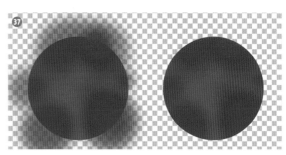

[투명 픽셀 잠금] OFF　　　　　[투명 픽셀 잠금] ON

17 물방울로 연출한다.

분위기는 잡혔지만 임팩트가 부족한 느낌이므로, 연출을 조금 더 연구했습니다. 막 비가 그친 이미지를 강조하면서 전체에 화려함을 더하려고, 크기가 다양한 물방울을 배치하기로 했습니다.

물방울을 그릴 레이어를 작성하고, S-Pen 브러시로 완전한 원이 되지 않도록 필압을 조절하면서 물방울의 실루엣을 먼저 그립니다.

화면 안에 무언가 흩어놓을 때는 크기와 여백의 조절이 중요합니다. **③**처럼 물방울을 거의 그리지 않은 부분과 **④**처럼 많이 그린 부분으로 반드시 공간의 밀도로 강약을 조절해야 합니다. 마찬가지로 물방울의 크기 또한 대단히 작은 것부터 **④**처럼 큰 것까지 다양하게 그립니다.

> **Point** 물방울 그리는 법

• 작은 물방울

흰색 점을 찍기만 해도 문제는 없습니다**㊷**. 작은 입자는 빛을 전반사하므로 반짝이는 부분만 눈에 띄기 때문입니다. 의식해야 할 포인트는 입자의 배치입니다. 촘촘하게 밀집된 부분과 거의 없는 부분의 변화를 의식하면서 배치해야 합니다.

• 큰 물방울

물방울에는 '투명', '반사', '렌즈'라는 3가지 성질이 있습니다. 큰 입자는 어렵게 생각하지 말고, 각각의 성질만 표현하면 됩니다.

투명 : 뒤쪽이 보이는 성질이므로 하늘이 배경이라면 입자에 하늘의 색을 넣습니다**㊸**.

반사 : 빛을 전반사하는 부분을 흰색으로 그립니다**㊹**. 광원의 위치에 가까운 부분이 전반사할 확률이 높습니다. 글레어 효과(p.47)를 넣으면 반짝임을 표현할 수 있습니다. 또한, 주위의 풍경(구름과 풀)을 거울처럼 반사하므로, 그려 넣어보세요**㊺**.

렌즈 : 물방울은 렌즈처럼 빛을 휘어지게 합니다(굴절)**㊻**. 이 왜곡을 의식하면 물방울의 불안정한 느낌을 표현할 수 있습니다. 굴절은 물방울의 가장자리에 가까운 부분에 그리면 자연스럽습니다.

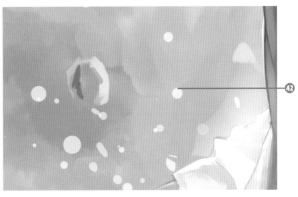

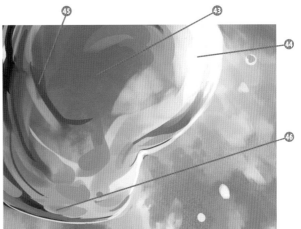

18 전체를 묘사하면서 상세한 연출을 더한다.

S-Sakuyo 브러시와 T-Sakuyo 브러시로 전체를 묘사합니다 . Sakuyo 브러시는 강약을 조절하면서 터치를 넣을 수 있고, 캐릭터부터 배경까지 어디에든 쓸 수 있는 만능 브러시입니다. 이 브러시로 근경에 있는 풀의 잎맥과 가방의 주름 등, 작은 부분을 묘사합니다. 추가로 소녀의 머리 주위에도 물방울을 넣습니다 ④⑧. 이 물방울은 눈물에도 우연히 물이 떨어진 것처럼 보입니다. 여러 가지 인상을 동시에 연출하는 표현은 보는 사람의 관심을 끌 수 있습니다.

▶ Point ◀ 연출이란?

원하는 분위기를 만들거나 이미지를 강조하고, 전달하고 싶은 것을 보는 사람이 쉽게 알아볼 수 있도록 연구한 것을 연출이라고 합니다. 뛰어난 연출은 매력을 높이고, 보는 사람을 작품의 세계로 이끕니다. 영화나 애니메이션에서는 무대와 등장인물의 겉모습뿐만 아니라, 연기와 장면 전환, 특수 효과, 음악 등으로 다양한 연출이 들어갑니다. 그러나 일러스트는 기본적으로 움직이지 않습니다. 음악도 없습니다. 따라서 겉모습에 좀 더 많은 연출을 하는 것이 중요합니다.

▶ Point ◀ 화면에 무언가를 흩어놓는다.

화면에 무언가가 흩날리는 연출은 일러스트의 기본 연출 중 하나입니다. 이번에는 물방울이었습니다. 물방울은 투명이며 반짝이므로 상쾌함과 투명함을 연출하는 데 안성맞춤입니다. 이외에도 꽃잎, 불티, 풀 등이 있습니다 ④⑨⑤⓪. 각각 화려함, 비참함, 바람의 흐름을 연출할 수 있습니다. 특히 꽃잎에 대해서는 Scene 2에서 소개합니다.

흩날리는 불티

바람에 날아가는 풀

> **Memo** 연출 아이디어
> 연출 아이디어는 애니메이션, 영화, 게임, 만화 등 다양한 작품 속에 있습니다. 마음에 드는 연출 표현은 자신의 작품에 적극적으로 적용하면 좋습니다. 참고로 애니메이션과 영화의 그림 콘티는 그 장면에서 전달하고 싶은 것까지 보여주므로 연출의 교과서라고 해도 좋을 정도입니다.

19 빛 이펙트로 연출한다.

빛 이펙트를 사용해 비가 그친 뒤의 상쾌한 분위기를 연출해도 좋습니다. 가장 위에 [더하기(발광)] 모드 레이어를 추가하고 S-Air 브러시로 반사를 강조하는 이펙트를 추가합니다. 주로 빛 효과를 넣은 곳은 **51**과 같은 부분입니다. 오른쪽 위에서 들어오는 빛을 반사하므로, 대부분 오른쪽에 있습니다. 참고로 [더하기(발광)] 모드 레이어로 만든 밝은 효과뿐만 아니라, [곱하기] 모드의 레이어로 어둡게 하는 효과를 넣기도 합니다.

▶Point◀ 연출 이펙트

실제로 **52**처럼 눈의 하이라이트, 눈의 빛, 물방울에도 발광 효과를 넣었습니다. 이렇게 현실에서는 있을 수 없는 부분에 넣은 빛과 그림자는 '연출 이펙트'라고 부릅니다. 앞서 설명했듯이 물리적으로 정확한 위치에 넣는 이펙트 이상으로 중요한 것이 알기 쉽게 매력을 전달하는 데 필요한 연출 이펙트입니다.

▶Point◀ 글레어 효과

물방울과 머리카락의 반사를 강조하는 이펙트를 '글레어 효과'라고 부릅니다. 글레어(눈부심)란 광원과 너무 가깝거나 빛의 반사가 강해 눈이 부신 상태를 뜻합니다. 친숙한 예로 밤에 정면에서 다가오는 차의 헤드라이트 빛 등이 있습니다. 그림에서는 완성 단계에서 자주 쓰는 테크닉입니다. 빛을 표현하거나 리얼리티를 높이는 효과가 있습니다.

20 이펙트 위에 덧그려서 완성한다.

대부분 이펙트는 마무리 단계에서 넣습니다. 이때 이펙트 때문에 터치가 너무 흐려져서 싼티 나는 그림이 되어버리는 안타까운 일도 있습니다. 밀도가 높고 정성을 들인 일러스트를 만들고 싶다면 이펙트 레이어 위에 표준 레이어를 추가하고, S-Sakuyo, S-Oil, T-Sakuyo 브러시 등으로 터치를 더합니다. **53**처럼 지금까지 브러시 터치를 가볍게 올린 부분이나 얼굴 주변, 눈 등에 묘사하면 완성입니다.

구름 그리는 법

현실에는 구름 한 점 없는 하늘도 있지만, 그림에서는 대부분 하늘에 구름을 그립니다. 이유는 파란색 그라데이션만으로는 밀도가 너무 낮아서 그림의 완성도가 떨어지기 때문입니다. 구름은 깊이를 표현하거나 분위기를 연출하는 등 다양한 역할을 합니다. 하늘을 그리는 방법이란, 구름을 그리는 방법이라고 할 수 있습니다.

기본 구름 그리는 법

[01] 그라데이션과 뾰족뾰족한 가이드선을 그린다.

하늘 레이어를 새로 작성하고 S-Oil 브러시로 회색 그라데이션을 그립니다. 위는 어둡고, 아래로 갈수록 밝아지게 합니다❶. 처음부터 컬러로 그려도 되지만, 익숙하지 않을 때는 회색으로 먼저 그리면 실패하지 않습니다. 다시 레이어를 추가하고, 빨간색처럼 눈에 띄는 색으로 지그재그를 그립니다❷. 이 선이 구름을 배치하는 기준입니다. 지그재그는 먼 하늘일수록 간격을 좁히고❸, 앞쪽은 휘어지게❹ 그리는 것이 요령입니다. 가능하면 균일하지 않게 춤추는 듯한 리듬감을 의식하면서 그립니다.

[02] 구름의 실루엣을 그린다.

구름 레이어를 다시 추가하고 지그재그의 기준선을 따라서 S-Oil 브러시로 구름을 그립니다. 구름의 터치는 사선으로 대강 점을 찍어서 형태를 잡아나가는 것이 요령입니다❺. 멀어질수록 선이 수평에 가까워지는 것을 잊어서는 안됩니다❻. 구름의 실루엣을 그린 뒤에 기준선 레이어는 삭제합니다.

구름의 터치

[03] 클립레이어로 색을 칠한다.

가장 위에 [오버레이] 모드 레이어를 작성하고 색을 칠합니다. 채도가 약간 낮은 차분한 느낌의 파란색이 좋습니다. 이번에
는 [R50/G104/B164]를 사용했습니다. 밑그림이 회색이므로 파란색만 칠해도 자연스러운 하늘이 됩니다❼. 처음부터 컬러
로 그렸다면 이 단계는 건너뛰어도 됩니다. 색을 칠한 뒤에 하늘 레이어를 구름 레이어에 클립레이를 적용합니다.

참조 Point : 클립레이로 색을 입힌다(p.41).

[04] 그림자를 그린다.

신규 레이어를 작성하고 구름의 실루엣에 그림자를 그려 넣습니다. 색은 ❽처럼 [스포이트] 도구로 각 부분에 색을 추출해
서 사용합니다. 여기서도 S-Oil 브러시를 사용해 사선으로 큰 점을 찍어서 터치를 넣습니다.

그림자를 그려 넣은 부분을 파란색으로 표시

[05] 브러시로 구분해서 묘사한다.

신규 레이어를 작성하고 U-Cloud 브러시로 구름 실루엣에 뿌연 느낌❾를 추가합니다. 그러나 U-Cloud 브러시를 사용하면
강약이 사라져버리므로, 선명한 가장자리가 흐려진 부분은 S-Oil 브러시를 사용하거나❿, 반대로 더 흐리게 하고 싶은 부분
은 G-Paper 브러시 등을 사용합니다⓫.

U-Cloud 브러시로 그려 넣은 부분을 빨간색으로 표시

적란운(여름의 구름, 운해) 그리는 법

일러스트의 배경이 여름이거나 장대한 풍경이 필요할 때 주로 그리는 구름입니다. 터치 등은 기본 구름 그리는 법과 거의 같습니다.

[01] 그라데이션과 구름의 실루엣을 그린다.

하늘 레이어를 새로 작성하고, S-에 브러시를 사용해 회색 그라데이션을 그립니다⑫. 하늘 위는 어둡게, 아래는 밝게 합니다.

다음은 구름 레이어를 추가하고, S-에 브러시로 구름을 그립니다. 구름의 터치는 기본 구름과 마찬가지로 사선으로 큰 점을 찍는 것이 요령입니다⑬. 살짝 옆으로 눕힌 터치를 넣으면 악센트가 됩니다⑭.

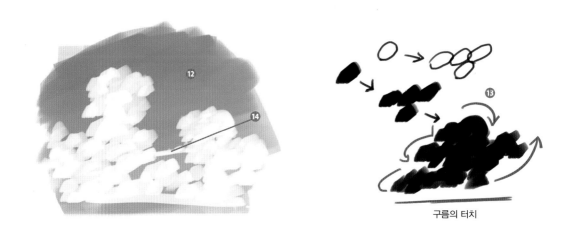

구름의 터치

[02] 클립레이로 색을 칠한다.

가장 위에 [오버레이] 모드 레이어를 작성하고 색을 칠합니다. 채도가 약간 낮은 차분한 느낌의 파란색이 좋습니다. 이번에는 [R50/G104/B164]를 사용했습니다. 밑그림이 회색이므로 파란색만 칠해도 자연스러운 하늘이 됩니다⑮. 처음부터 컬러로 그렸다면 이 단계는 건너뛰어도 됩니다. 색을 칠한 뒤에 하늘 레이어와 구름 레이어의 클립레이를 적용합니다(p.41).

클립레이

[03] 그림자를 그린다.

레이어를 추가하고 구름의 실루엣에 그림자를 그립니다. 색은 ⑯처럼 [스포이트] 도구로 각 부분에 색을 추출해서 사용합니다. 사선으로 큰 점을 찍듯이 터치를 넣습니다. 구름 위는 사선 터치⑰, 아래는 가로로 직선 터치⑱를 넣는 것이 중요합니다. 터치는 흐름과 리듬을 항상 의식해야 합니다.

그림자를 그려 넣은 부분

[04] 브러시로 묘사한다.

신규 레이어를 작성하고 U-Cloud 브러시를 사용해 구름 실루엣에 뿌연 느낌을 추가합니다⑲. 그러나 U-Cloud 브러시를 사용하면 강약이 사라져버리므로, 구름 윗부분처럼 선명한 가장자리가 흐려진 부분은 S-Oil 브러시를 사용하거나⑳, 반대로 더 흐리게 하고 싶은 부분은 G-Paper 브러시나 G-S-Oil 브러시 등을 사용합니다㉑.

좀 더 묘사한 부분

벚꽃 지는 거리

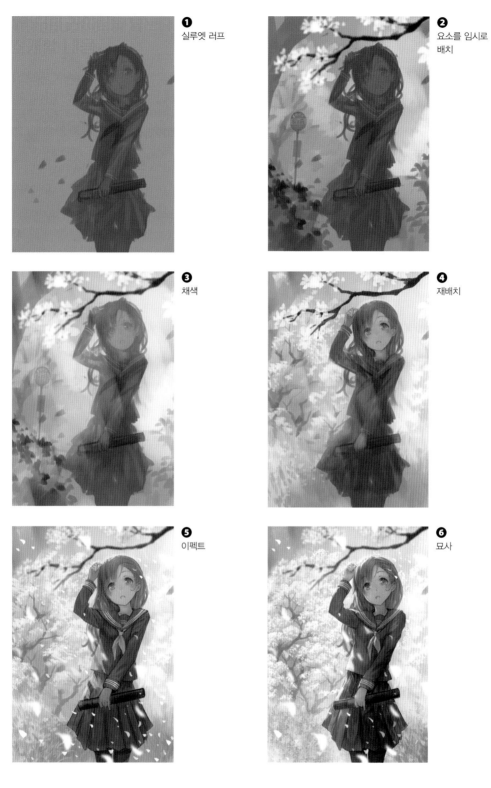

❶ 실루엣 러프

❷ 요소를 임시로 배치

❸ 채색

❹ 재배치

❺ 이펙트

❻ 묘사

Scene 2도 원근법의 지식을 사용하지 않고 배경을 그립니다. 캐릭터는 막 졸업식을 끝낸 학생입니다. 손에는 졸업장을 담은 통을 쥐고 있습니다. 봄이라는 계절과 여학생의 귀여움을 배경의 벚꽃으로 강조하는 것이 목표였습니다. 이번에는 브러시 터치의 요령에 대해서도 심도 깊게 설명합니다.

 2508×3541px

 약 6시간

Making

메이킹

01 캐릭터의 러프를 그린다.

회색[R168/G168/B168]으로 채운 레이어 위에 신규 레이어를 작성하고, S-O이 브러시로 캐릭터의 러프를 그렸습니다. Scene 1보다 어두운 회색으로 밑색을 채운 이유는 식물이 차지하는 비율이 높아져 전체가 조금 어두워질 거라고 가정했기 때문입니다.

원근법의 지식이 없어도 그릴 수 있는 배경이므로 소녀의 무릎 위로만 묘사합니다. 소녀는 화면에 움직임을 더하려고 그림의 중간이 아니라 약간 오른쪽에 배치했습니다①. 일반적으로 배경이 있는 일러스트에서는 화면 중앙에 캐릭터를 배치하지 않습니다.

꽃잎의 실루엣도 가볍게 흩어놓습니다. 이런 이펙트는 보통 그림의 마무리 단계에서 추가하지만, 처음부터 구성을 정해놓으면 완성된 이미지를 쉽게 떠올릴 수 있어서 러프에서 미리 그립니다. 이 그림은 '졸업식을 끝낸 소녀'라는 이미지가 처음부터 있었습니다. 일본의 졸업식은 3월. 3월이면 계절은 봄입니다. 봄이라는 계절의 분위기를 연출하고 싶어서 벚꽃을 그렸습니다. 배경요소가 잘 떠오르지 않을 때는 연상 게임을 하는 식으로 생각의 폭을 넓혀나가는 방법을 추천합니다.

02 나뭇가지의 러프를 그린다.

신규 레이어를 작성하고 캐릭터 앞에 나뭇가지를 그립니다②. Scene 1에서 캐릭터 앞에 풀을 그린 것과 마찬가지로, 그림에 거리감이 생기도록 앞쪽에 요소를 배치합니다.

나뭇가지는 S-Sakuyo 브러시를 사용해서 그립니다. S-Sakuyo 브러시는 필압으로 선의 두께를 극단적으로 조절할 수 있는 브러시입니다. 가지의 시작 지점과 가지가 나눠지는 마디에서는 강하게, 끝으로 갈수록 힘을 빼서 굵기의 차이가 큰 가지를 표현합니다.

▶Point◀ 공감을 우선한다.

최근에는 졸업식이 조금 빨라져서 식이 열리는 날에 벚꽃이 만개하는 일이 거의 없다고 합니다. 그러나 많은 사람들이 생각하는 졸업식=벚꽃이라는 이미지를 우선하는 편이 일러스트로서 공감을 얻기 쉽습니다. 이것은 영화나 애니메이션 등의 모든 작품에도 공통이지만, 정확함은 어느 정도 무시하더라도 보는 사람이 공감할 수 있는 요소를 많이 담는 것이 쉽게 감정이입을 하게 만드는 포인트입니다.

03 벚꽃의 러프를 그린다.

이번에는 꽃을 그려 넣습니다❸. 신규 레이어를
작성하고 S-에 브러시로 꽃을 그립니다. 강한
필압으로 툭툭 점을 찍어서 꽃잎이 덩어리진 실
루엣을 표현합니다. 점 하나하나가 꽃잎이라고
생각하면서 그립니다.

꽃잎과 가지 레이어를 복제하고 레이어 폴더에
정리한 뒤에 비표시로 설정합니다. [레이어] 창의
❹를 클릭하면 눈 아이콘이 사라지고 레이어가
보이지 않게 됩니다. 레이어 폴더에 넣어둔 레이
어는 보험입니다. 나중에 작업 과정을 되돌릴 때
를 대비한 보험으로 사용합니다.

참조 Technique : 다양한 꽃 그리는 법(p.70)

> **Memo** **보험을 만든다.**
>
> 되돌리기 어려운 조작을 하더라도 이전 상태로
> 돌아갈 수 있도록 레이어를 복제하고 비표시로
> 설정한 것을 '보험'이라고 합니다. 레이어를 결합
> 하고 흐리기 필터를 적용하는 조작은 되돌릴 수
> 없으므로, 조작하기 전에 보험을 만들어 둡니다.

04 벚꽃과 가지에 흐림 효과를 적용한다.

복제 전의 꽃잎과 가지 레이어를 결합합니다.
[필터] 메뉴의 [흐리기]→[가우시안 흐리기]를 선
택해, ❺처럼 꽃과 가지에 필터를 적용합니다.
[가우시안 흐리기] 필터는 ❻의 슬라이더를 조작
해 흐림 정도를 조절할 수 있습니다.

▶Point 카메라의 초점을 표현한다.

흐리기는 카메라의 초점이 맞지 않은 상태를 표
현합니다. 여러분도 사진을 찍을 때, 카메라와 피
사체가 너무 가까워 초점이 맞지 않았던 적이 있
을 겁니다. 초점이 맞지 않은 상태를 그림에 응
용하면 영화의 한 장면을 잘라낸 듯한 현장감이
있는 일러스트를 그릴 수 있습니다. 흐리기 필터
에는 몇 가지 종류가 있는데, [가우시안 흐리기]
는 슬라이더로 흐린 정도를 간단히 조절할 수 있
어서 카메라의 초점을 표현하는 데 무척 편리합
니다.

05 배경 요소를 추가한다.

인물의 배경을 S-Oil 브러시를 사용해 망설이지 않고 그렸습니다 . 익숙하지 않으면 아무래도 질감 같은 세밀한 묘사가 마음에 걸리지만, 이 단계에서 가장 중요한 것은 실루엣입니다. 각각의 요소는 레이어로 구분해서 그립니다. 러프에서는 세밀한 부분을 너무 의식하지 않도록 가능한 확대 기능을 사용하지 않고 그리면 좋습니다.

▶Point **S-Oil 브러시를 사용해 식물의 러프 그리는 법**

1. 식물은 형태를 떠올리기 쉽도록 잎 실루엣부터 그립니다. S-Oil 브러시의 [불투명도 : 70%] 정도로 설정합니다. 한 획으로 잎을 한 장씩 그린다는 느낌을 의식합니다.

2. 식물 전체의 실루엣을 의식하면서 **1**과 같은 터치로 실루엣을 여러 개 그리면, 식물의 윤곽이 됩니다. 불투명도가 낮은 터치를 겹치면 ❽처럼 잎의 그림자와 어두운 빈틈을 자연스럽게 표현할 수 있습니다.

4. ❾와 같은 부분의 색을 [스포이트] 도구로 추출해, 안쪽에 잎의 터치를 추가합니다. 러프에서는 이 정도의 묘사면 충분합니다.

3. 식물을 칠합니다. 사선의 터치를 지그재그로 색을 칠하듯이 그립니다. 사선 터치가 포인트입니다. 사선 터치를 넣는 이유는 빛이 들어오는 방향의 반대쪽에 그림자가 생기는 것을 간단히 표현하기 위해서입니다. 이번에는 오른쪽 위에서 왼쪽 아래로 터치를 넣었는데, 광원을 오른쪽 위에서 설정했기 때문입니다.

06 오버레이로 빛을 채색한다.

[오버레이] 모드 레이터를 새로 추가하고, S-Oil 브러시의 [불투명도 : 70%]을 사용해. 나뭇잎 사이로 쏟아지는 햇살을 의식하면서 빛을 그립니다. 색은 봄의 따뜻한 느낌을 표현하고 싶어서 빨간색에 가까운 노란색을 사용합니다. 상당히 큰 브러시로 ❿처럼 빛이 들어오는 방향으로 대담한 터치를 넣습니다.

07 오버레이로 그림자를 채색한다.

다시 [오버레이] 모드 레이어를 작성하고 파란색을 사용해 그림자를 칠합니다. 빛의 터치를 넣지 않은 빈틈을 채우듯이 칠한다는 느낌을 의식하면서 그림자를 채색하면, 자연스럽게 완성할 수 있습니다⓫. S-Oil 브러시를 사용합니다. 이 단계에서는 아직 풀과 소녀의 고유색을 정하지 않습니다. 예를 들어 소녀의 머리카락이 갈색이라고 해서 도중에 색을 칠해버리면 ⓬처럼 부드러운 분위기를 망치게 됩니다.

08 고유색을 채색한다.

이번에는 고유색을 칠할 [오버레이] 모드 레이어를 추가하고, ⑬처럼 터치를 넣습니다. 빛과 그림자의 터치와 같은 방향으로 넣는 것이 중요합니다. 그러면 지금까지의 분위기를 유지하면서 선명하게 채색할 수 있습니다. 고유색은 소녀의 피부색, 남색의 세일러복, 그늘진 청록색 잎 등. 빛과 그림자의 색으로 파란색과 노란색에 가까운 색부터 칠하는 것이 요령입니다. 채색에서 사용한 색은 최종적으로 ⑭처럼 되었습니다.

▶Point◀ **고유색은 변한다.**

현실에서 토마토는 당연히 빨간색이지만, 그림에서 무조건 빨간색을 사용하면 되는 것은 아닙니다. 일반적으로 ⑮처럼 그늘이면 빨간색+파란색으로 보라색, 빛을 받는 부분이라면 빨간색+노란색으로 오렌지색처럼 빛과 그림자를 섞은 색으로 칠합니다. 그림자는 기온이 낮으므로 한색인 파란색, 빛은 기온이 높으므로 난색인 노란색을 사용한다고 생각하면 됩니다.

그림자 색

09 | 캐릭터에 선화 터치를 넣는다.

레이어를 신규로 작성하고 S-Sakuyo 브러시의 [브러시 크기 : 3px 정도], [불투명도 : 70%]로 설정하고 ⑯처럼 선화를 그리는 느낌으로 터치를 넣습니다. 선화의 색은 소녀의 상의에 그늘진 부분 등을 [스포이트] 도구로 추출해서 사용했습니다. 이미 캔버스에 있는 색을 사용하면 그림의 분위기와 잘 어우러지게 선화를 다듬을 수 있습니다.

> **Memo** 선화 터치
>
> 저는 유화로 채색한 느낌으로 배경을 그리기 때문에 일본 특유의 귀여운 소녀 캐릭터를 그리려고 하면 결과가 좋지 못합니다. 그래서 선화의 터치를 사용했습니다. 덧칠만 하는 것이 아니라 선화처럼 터치를 넣으면서 꼼꼼하게 선화를 그리는 순서를 생략할 수 있어 작업 시간도 짧아집니다.

10 | 그림자를 그리고 대비를 더한다.

이대로는 전체적으로 인상이 흐릿하므로, ⑰처럼 S-Sakuyo 브러시의 [불투명도 : 60% 정도]로 설정하고 선명한 그림자를 그려서 대비를 높입니다. 그림자는 선화와 같은 레이어에 동일한 색으로 그렸습니다. 선화에서 사용한 S-Sakuya 브러시의 크기를 키울 뿐이므로 그림자라기보다 선화의 연장이라고 해도 좋습니다. 일일이 브러시와 레이어를 바꿀 필요가 없어서 시간을 줄일 수 있는 테크닉입니다.

11 | 진달래의 밑그림을 그린다.

먼저 T–Sakuyo 브러시를 사용해 진달래 꽃잎
의 색으로 점을 찍듯이 실루엣으로 밑그림을 그
립니다. 너무 규칙적으로 그리지 않는 것과 여러
번 반복해서 터치를 넣지 않는 것이 중요합니다.
자연물에는 균일한 것이 거의 없습니다. 같은 꽃
으로 보이지 않도록 각각 조금씩 다르게 그립니
다. 자연물을 그리는 포인트는 적당함입니다.

⓲의 색을 [스포이트] 도구로 추출하면서 T–
Sakuyo 브러시를 사용해 ⓳처럼 잎의 실루엣을
그립니다. 밑그림을 그릴 때는 이미 캔버스에 있
는 색을 사용하면, 터치가 자연스러운 데다가 빨
라서 추천하는 방법입니다.

▶Point◀ 잎 터치

잎의 터치는 꽃잎의 터치와 무척 비슷합니다. ⓴
처럼 잎의 방향으로 약간 호를 그리듯이 움직이
면 한 획으로 잎처럼 보이는 실루엣을 그릴 수
있습니다.

잎에 넣은 터치의 예

12 벚꽃의 밑그림을 그린다.

진달래와 마찬가지로 캔버스의 색을 [스포이트] 도구로 추출해서, T-Sakuyo 브러시로 벚꽃의 밑그림을 그립니다. 레이어는 **05**에서 작성한 안 쪽의 벚꽃나무로 바뀝니다.

▶▶Point◀ **벚꽃나무를 그릴 때의 3가지 포인트**

• **빛이 닿는 꽃은 흰색, 그림자는 분홍색**

가장 흔한 품종인 왕벚나무라면 ㉑처럼 빛이 닿는 부분은 흰색, ㉒처럼 그림자 부분은 분홍색으로 그립니다.

• **처음에는 꽃의 큰 덩어리를 그린다.**

벚꽃은 작은 꽃이 군집을 이루는 형태입니다. 처음은 ㉓처럼 덩어리로 형태만 잡고, 세부 묘사는 하지 않았습니다. 처음부터 세밀한 묘사를 하면 벚꽃이 밋밋해집니다.

• **가지와 줄기는 그리는 방법이 같다.**

가지와 줄기 그리는 법은 거의 같습니다. 줄기는 큰 가지라고 생각하면 쉽습니다. 줄기를 그릴 때 대부분 나무 전체를 그리려고 하는데, 나뭇가지가 갈라지면서 넓어지는 타원을 의식하면 보기 좋은 나무를 그릴 수 있습니다㉔.

㉔

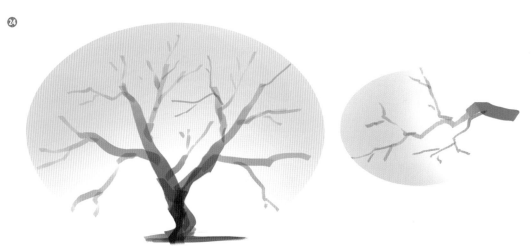

가지도 줄기도 타원을 그린다.

13 작업을 멈추고 잠시 쉬어간다.

일단 손을 멈추고 그림을 3일 정도 보지 않고 묻어둡니다. 시간을 두고 눈을 초기화하면 작품을 객관적으로 볼 수 있습니다. 3일 뒤에 보니 화면의 구성 요소가 많아서 시선이 분산되고, 그다지 좋은 인상이 아니었습니다 ㉕. 그래서 진달래와 나무줄기 등의 레이어를 비표시로 바꾸고 화면에 꼭 필요한 요소만 선택했습니다 ㉖.

 →

14 시행착오를 한다.

S—에 브러시로 푸른 하늘을 그렸습니다 ㉗. 그러자 빛의 따뜻한 분위기가 없어진 느낌이었습니다. 흔한 실수지만, 하늘은 항상 파란색이 아닙니다. 예를 들면, 맑은 날 어두운 방 안에서 카메라로 밖을 찍어보면, 상당히 밝은 하늘일 겁니다. 그림에서도 마찬가지입니다. 어두운 곳에서 밝은 곳을 보면 너무 밝아서 눈에 잘 들어오지 않습니다. 이 그림은 나무 그늘에서 찍은 상황이므로 같은 현상이 일어납니다.

최종적으로 왼쪽 버스정류장은 지웠습니다. 화면 속에 있는 유일한 인공물이라서 시선이 집중되지만, 시선을 모을 정도로 가치와 역할이 없기 때문입니다.

15 피부색을 조절한다.

[올가미 선택] 도구로 ㉘처럼 얼굴을 선택하고, [편집] 메뉴의 [색조 보정]→[컬러 밸런스]로 피부색을 보정합니다. 마젠타를 높여 벚꽃의 반사를 표현하고, 블루를 높여 전체가 그림자 안에 있는 느낌을 표현했습니다. 선택 범위가 너무 대충이지만, 이렇게 하면 머리카락 뒤에 있는 피부색이 비쳐 보이는 모습을 표현할 수 있습니다.

16 선명하게 다듬는다.

S-Sakuyo 브러시와 S-Pen 브러시를 사용해 소녀를 묘사합니다. 지금까지 흐릿한 밑그림에 선명한 터치를 넣고 다듬습니다. 막연하게 전체를 칠하는 것이 아니라 눈동자와 머리카락㉙, 교복 라인㉚ 등의 포인트별로 선명하게 그립니다. 교복 라인은 다른 레이어에 S-Pen 브러시를 [불투명도 : 100%]로 설정하고 그렸습니다.

17 꽃잎을 그려 넣는다.

레이어를 추가하고 S-Sakuyo 브러시로 흩날리는 꽃잎을 그립니다. 꽃잎 그리는 법은 잎의 터치(p.60)와 거의 같습니다. 꽃잎은 다양한 각도로 떨어지므로 실루엣이 일정해지지 않도록 주의합니다. ㉛처럼 꽃잎을 거의 그리지 않은 부분과 ㉜처럼 촘촘하게 그린 부분을 만들어서 밀도의 강약을 더합니다. ㉜의 많이 넣은 부분은 소녀의 스커트와 배경이 어둡기 때문입니다. 꽃잎이 흰색이므로 배경이 어두우면 대비가 강해집니다.

다시 레이어를 추가하고 이번에는 큰 꽃잎을 여러 장 그립니다㉝. 큰 꽃잎은 카메라에 가까운 위치에 떨어지는 것이므로, 그림에 깊이감이 생깁니다.

18 큰 꽃잎에 흐림 효과를 적용한다.

큰 꽃잎 레이어를 복제하고, [필터] 메뉴의 [흐리기]→[가우시안 흐리기]를 선택합니다㉞. 흐림 효과 범위㉟를 슬라이더로 조절할 수 있어서 편리한 가우시안 흐리기는 움직이는 물체를 촬영했을 때 흐려지는 현상을 재현한 것입니다. 모션 블러라고도 부르는 이 현상을 그림에 적용하면 금방이라고 움직일 것 같은 현장감을 한 장의 일러스트에 담아 완성할 수 있습니다.

64

19 | 벚꽃을 묘사한다.

S-Oil 브러시와 T-Sakuyo 브러시로 배경의 벚꽃을 묘사합니다. 색은 기본적으로 밑그림의 색을 [스포이트] 도구로 추출해서 사용합니다. 벚꽃은 작은 꽃잎이 밀집된 형태이므로, 전부 일일이 그리려고 하면 시간도 오래 걸리고, 밀도가 너무 높거나 거리감이 없어지는 일도 자주 있습니다. 따라서 최대한 적은 터치로 꽃잎을 그리는 것이 좋습니다.

㊱과 ㊲을 비교해 보세요. ㊱은 작은 꽃잎의 터치를 넣은 것에 비해, ㊲은 대부분 분홍색 밑그림 상태입니다. 벚꽃의 묘사는 빛이 닿는 부분에 흰색으로 작은 터치를 넣고, 그림자는 밑그림을 정리하고 사선으로 터치를 넣는 정도로 두는 것이 포인트입니다.

▶Point◀ 식물의 그림자는 비스듬한 터치

사선 터치는 벚꽃뿐만 아니라 모든 식물에 이용할 수 있는 기술입니다 ㊳㊴. 꽃과 잎의 빈틈을 관통한 빛의 흐름을 극적으로 표현할 수 있는 터치이며, 주로 그늘진 부분에 사용합니다. 쏟아지는 빛과 같은 방향으로 그리는 것이 요령입니다. 이 터치는 식물 표현의 비법입니다.

2

벚꽃 지는 거리

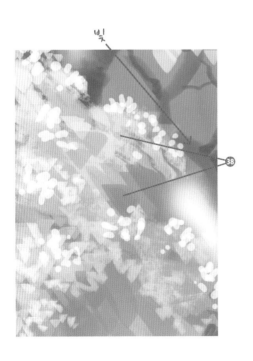

빛

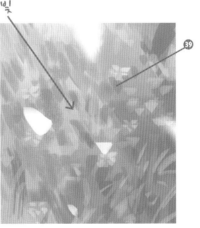

빛

20 꽃을 그린다.

S-Oil 브러시와 T-Sakuyo 브러시로 유채꽃을 그립니다. 꽃 부분은 채도가 높은 노란색입니다. 유채꽃의 실루엣은 긴 줄기 끝에 뭉쳐 있는 작은 꽃이 특징이므로, 실루엣을 의식하면서 터치를 넣으면 비교적 수월하게 그릴 수 있습니다. 종류를 정하고 꽃을 그릴 때는 반드시 자료를 참고해서 그려야 합니다. 사진 자료를 참고할 때는 꼭 주의할 점이 있습니다. 자세한 내용은 'Point : 사진 자료 활용법(p.200)'을 참고하시기 바랍니다. 또한 꽃을 그릴 때 구체적인 터치는 'Technique : 다양한 꽃 그리는 법(p.70)'에서 설명하겠습니다.

▶Point◀ 채도는 면적으로 정한다.

면적이 넓은 부분을 칠할 때는 채도를 낮게, 좁은 부분을 칠할 때는 채도를 높이면 자연스럽습니다. 예를 들어, Scene 2의 그림에서 벚꽃의 채도는 낮고, 유채꽃의 채도는 높은데, 화면 전체에서 벚꽃이 차지하는 범위는 넓고, 유채꽃은 좁기 때문입니다.

21 눈에 띄는 꽃을 만든다.

어느 정도 베이스가 끝났다면, 유채꽃의 인상이 강해지도록 ④처럼 강한 터치를 넣어 눈에 띄는 꽃을 만듭니다. 눈에 띄는 꽃이 너무 많으면 시선이 흩어져 어수선한 인상이 되므로 개수를 제한합니다. 가장 '유채꽃'다운 실루엣 부분에 터치를 넣는 것이 포인트입니다. 같은 꽃이 군집을 이룬 자연물을 그릴 때는 색과 실루엣으로 분위기를 연출하는 베이스를 만들고 몇 개만 눈에 띄도록 선명하게 그리면, 작업 시간도 줄일 수 있고 인상적인 묘사가 가능합니다.

22 하이라이트를 넣고 완성한다.

캐릭터의 이미지가 흐릿해서 더 선명해지도록
S-Oil, S-Pen, G-S-Oil 브러시를 사용해, 주로
㊷ 같은 포인트에 선명한 하이라이트를 넣습니다.

봄의 따스한 빛을 연출하고 싶어서 색은 흰색과
흰색에 상당히 가까운 노란색을 사용했습니다.
우선 ㊸처럼 선명한 흰색을 올리고, 바로 옆㊹에
흰색에 가까운 노란색을 올린 뒤에 G-S-Oil 브
러시로 다듬으면 태양 빛을 받아 반짝이는 하이
라이트를 표현할 수 있습니다.

하이라이트는 자연스러움이 중요하지만, 무엇보
다 캐릭터의 존재감을 키우고, 얼굴처럼 강조하
고 싶은 부분의 대비를 높여 시선이 집중되게 하
는 것이 중요합니다. 따라서 보통 하이라이트가
발생하지 않는 눈매와 윤곽㊺ 등에도 살짝 넣었
습니다.

하이라이트를 넣어 전체를 묘사한 다음, [더하기]
모드 레이어를 추가하고 캐릭터와 대비를 높이
고 싶은 부분㊻에 크게 키운 S-Air 브러시로 글
레어 효과(p.47)를 넣으면 완성입니다.

▶Point◀ 하이라이트에 색을 섞는다.

하이라이트는 빛을 가장 강하게 반사하는 포인
트이므로 주로 흰색을 사용하는데, 바로 옆에 흰
색에 가까운 노란색이나 오렌지색 등의 난색을
올리면 빛이 닿은 부분의 따뜻함을 표현할 수 있
습니다. 차가운 빛을 받는 장면이라면 흰색 옆에
흰색에 가까운 파란색과 녹색 등을 올려 차가움
을 표현하는 것도 가능합니다.

꽃 그리는 법

풀밭에 여러 개의 꽃이 군집을 이룬 풍경은 대표적인 배경 묘사입니다. 이번에는 특별히 종류를 정하지 않고, 흐드러지게 핀 꽃을 그리는 방법을 소개합니다.

[01] 녹색 밑바탕을 만든다.

신규 레이어를 작성한 뒤에, S-에 브러시의 [불투명도 : 70%]로 설정하고 꽃 아래에 녹색을 그립니다. 오른쪽 위에 광원을 설정하고, 오른쪽 위에서 왼쪽 아래로 짧은 터치를 덧칠해 명암의 완급❶을 만드는 것이 요령입니다. 베이스는 녹색이므로 대부분 컬러써클의 중앙 부근 색❷를 사용합니다.

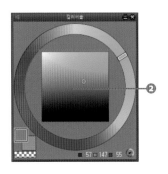

[02] 꽃과 그림자를 그린다.

레이어를 추가한 뒤에 T-Sakuyo 브러시의 [불투명도 : 80%]로 설정하고 꽃을 그립니다❸. 꽃의 배치가 일정해지지 않도록 주의하면서 점을 찍듯이 불규칙한 터치를 넣습니다.

꽃을 그렸다면 녹색의 베이스 레이어와 같은 브러시를 사용해 꽃의 그림자를 그립니다. 광원이 오른쪽 위에 있으므로, 왼쪽 아래로 향하는 사선으로 점을 찍듯이 꽃의 터치를 넣었습니다. 그림자 색은 단순하게 베이스 색을 어둡게 한 것이 아니라 약간 파란색이 섞인 색을 사용하면 생동감 있는 색감이 됩니다.

[03] 꽃잎의 그림자를 그린다.

꽃을 그린 레이어에 S-Sakuyo 브러시로 꽃잎의 그림자를 그립니다❹. 꽃은 한 점에서 위로 솟아오른 형태로 붙어 있어서, 단순화하면 원추형에 가깝습니다. 따라서 원추형에 생기는 그림자를 생각하면서 터치를 넣습니다❺. 아무튼 지금은 각각의 꽃잎을 생각하지 않는 편이 좋습니다.

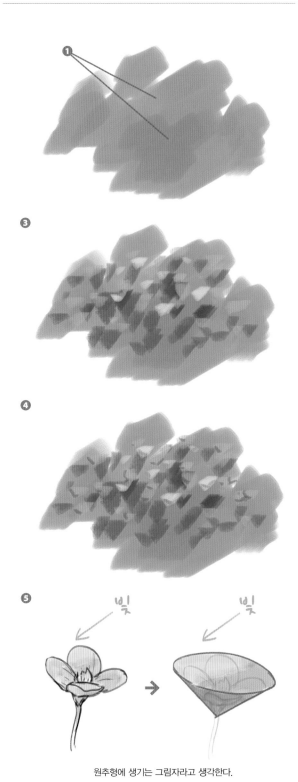

원추형에 생기는 그림자라고 생각한다.

[04] 꽃의 실루엣을 다듬는다.

레이어를 추가하고 녹색 그림자 색을 [스포이트] 도구로 추출해서 꽃의 실루엣을 정리합니다 ❻. 동시에 S-Sakuyo 브러시로 점을 찍듯이 그림자 색의 터치를 작게 넣어 잎의 그림자를 표현합니다.

❻

[05] 꽃의 중앙과 꽃받침을 그린다.

대부분 꽃은 꽃잎의 중앙은 색이 진하거나 밝은 것이 특징입니다. T-Sakuyo 브러시로 꽃의 중앙에 진한 색의 터치를 넣습니다 ❼. 추가로 베이스인 녹색을 [스포이트] 도구로 추출해, 꽃 아래에 살짝 드러난 줄기를 그립니다. 이것만으로도 식물의 특징이 한층 강해집니다. 자연스럽게 불규칙한 터치를 넣는 것이 중요합니다. 특징이라고 해서 지나치게 줄기를 많이 그리면 오히려 어색해 보일 때도 많습니다.

❼

[06] 순서를 반복한다.

S-Sakuyo 브러시와 S-Pen 브러시로 **02~05**의 순서를 반복합니다 ❽. 잎 사이의 틈에 가장 어두운색을 올려 대비를 높이고, 강조하고 싶은 잎과 꽃에 S-Pen 브러시로 채도가 높은 색과 하이라이트를 넣는 작업의 반복입니다. 그러면 흐릿했던 인상이 점차 명확해지고, 꽃의 화사함을 표현할 수 있습니다.

❽

다양한 꽃 그리는 법

'Technique : 꽃 그리는 법(p.68)'에서 소개한 방법을 응용해 다양한 종류의 꽃을 그릴 수 있습니다.

● 유채꽃

1.

S-Oil 브러시로 풀의 베이스, 그림자, 꽃을 그린다. 광원의 방향을 의식하고 그림자에 사선 터치를 넣는다.

2.

T-Sakuyo 브러시로 잎을 그리면서 꽃의 실루엣을 정리한다.

3.

T-Sakuyo 브러시로 꽃과 잎을 완성한다. 특히 꽃 부분에 세밀하게 터치를 넣으면, 작은 꽃이 많이 밀집된 모습을 표현할 수 있다.

● 나팔꽃

1.

S-Oil 브러시로 풀의 베이스, 그림자, 꽃을 그린다. 원형에 가까운 꽃과 비스듬히 본 나팔처럼 생긴 꽃의 실루엣을 의식한다.

2.

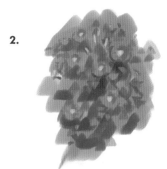

실루엣을 정리하면서 꽃의 중앙에 흰색을 넣는다.

3.

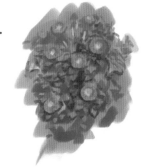

꽃의 중심은 홈이 깊고 어둡기 때문에, 그림자를 만들어 입체감을 더하는 것이 포인트.

● 해바라기

1.

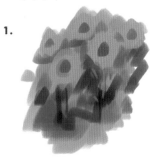

작은 꽃잎뿐만 아니라, 원형이 꽃의 실루엣을 그린다.

2.

T-Sakuyo 브러시로 약간 밝은 노란색으로 꽃잎을 그린다. 빛의 방향을 표현하면 꽃에 입체감이 생긴다.

3.

잎을 그리면서 꽃의 실루엣을 지워서 뾰족뾰족한 꽃잎의 실루엣을 표현한다.

● 수국

1.

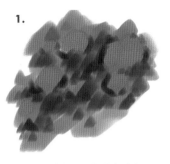

S-Oil 브러시로 꽃과 잎의 베이스를 그린
다. 세밀한 꽃의 묘사는 생략하고, 실루엣에
만 집중한다.

2.

꽃에 그림자를 넣어 둥그스름한 형태를 표
현한다.

3.

T-Sakuyo 브러시로 점을 찍듯이 터치를
넣고, 작은 꽃이 밀집된 형태와 잎의 윤기를
표현한다.

● 벚꽃

1.

S-Oil 브러시로 벚꽃이 만개한 전체의 실루
엣을 흐릿하게 표현한다.

2.

꽃에 빛이 닿은 부분을 흰색으로 표현한다.
가지가 꽃에 가려진 모습을 표현하는 것이
포인트.

3.

T-Sakuyo 브러시로 점을 찍듯이 작은 꽃
을 그린다. 자세한 내용은 p.60 참조.

● 진달래

1.

S-Oil 브러시로 꽃, 그림자, 잎의 베이스를
그린다. 진달래는 꽃이 부드럽고 밀집되어
있으므로, 각각의 실루엣을 명확하게 그리
지 않는 편이 리얼리티가 생긴다.

2.

꽃에서 특히 눈에 띄는 부분의 실루엣을 정
리해. 5장의 꽃잎으로 이뤄진 특징적인 형
태를 잡는다.

3.

진달래는 나무가 넓게 퍼지므로, 빛이 닿지
않는 부분이 특히 어둡다. 따라서 잎과 꽃의
빈틈을 어둡게 하면 그럴듯해 보인다.

2

벚꽃 지는 거리

속성 마법의 이펙트

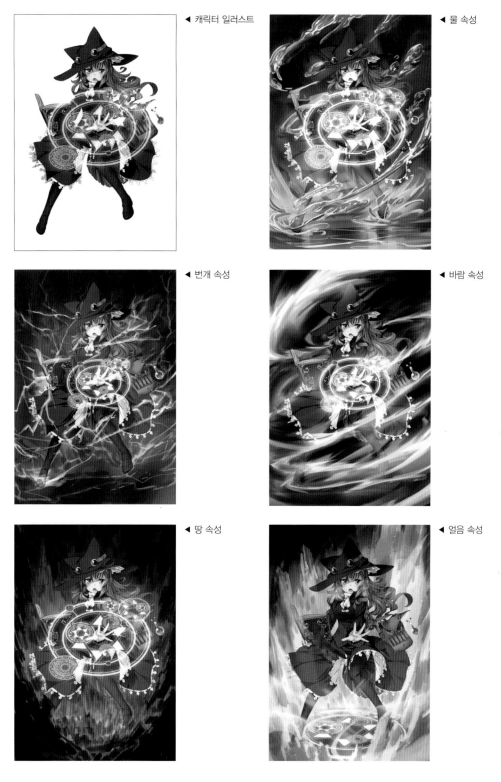

◀ 캐릭터 일러스트

◀ 물 속성

◀ 번개 속성

◀ 바람 속성

◀ 땅 속성

◀ 얼음 속성

PS Vita 게임인 신성발탁 드라이브 걸스와 인기 브라우저 게임의 캐릭터 디자인
을 담당한 일러스트레이터 UGUME 씨가 그린 마법사 캐릭터입니다. 다양한 이
펙트를 그려서 6가지 속성의 마법을 발동하는 장면을 완성했습니다. 이런 이펙트
는 판타지 계열의 카드 일러스트 등에 특히 자주 그립니다. 속성 표현은 그대로
평범한 배경 요소에 응용할 수 있으므로 알아두면 좋습니다.

 2508×3541px

 약 30분(1장, 이펙트 부분만)

불 속성 메이킹

01 | 배경을 어둡게 한다.

마법진 레이어 폴더를 일단 비표시로 하고, 캐릭터 뒤를 어두운 회색[R33/G33/B33]으로 채웁니다❶. 배경이 어두운 편이 불의 발광이 보기 좋기 때문입니다. 기본적으로 이펙트가 메인인 배경은 밑바탕을 어둡게 합니다. 이 단계에서는 그리기 쉽도록 마법진을 비표시로 설정했습니다.

02 | 불의 밑그림을 그린다.

S-에 브러시의 [불투명도 : 70%]로 설정하고, 중간색인 오렌지색을 사용해 불의 밑그림을 지그재그로 그렸습니다. 이 단계에서는 세부 묘사는 생략하고, ❷처럼 불의 흐름을 대강 그립니다. 소녀를 중심으로 불의 힘이 주위로 퍼지는 모습을 떠올려보면 그리기 쉽습니다.

다음은 ❸처럼 배경에서 어두운 부분과 밝은 부분의 경계를 G-Paper 브러시의 [불투명도 : 60%]로 설정하고 흐릿하게 다듬습니다. G-Paper 브러시는 흐려지게 하는 브러시이므로 종이에 물감이 번지는 듯한 표현이 가능해, 간단하게 불길의 일렁임을 표현할 수 있습니다.

03 | 캐릭터의 색을 변경한다.

캐릭터의 레이어 섬네일을 [Ctrl]을 누른 채로 클릭하면, 캐릭터의 실루엣이 선택 영역으로 지정됩니다. 그런 다음 [레이어] 메뉴의 [신규 색조 보정 레이어]→[컬러 밸런스]를 선택해, 색조 보정 레이어를 추가합니다. [컬러 밸런스] 창에서 ❺처럼 슬라이더를 움직여 불의 색을 조절합니다. 이번에는 [레드]와 [옐로]를 강하게 했습니다❻.

04 | 마법진의 색을 변경한다.

지금까지 비표시로 두었던 마법진 레이어 폴더를 표시로 전환합니다. 레이어 폴더 속에 마법진에 발광 효과를 표현하는 '발광2' 레이어❼을 선택하고, [편집] 메뉴의 [색조 보정]→[색조/명도/채도]로 색감을 보정합니다❽. 슬라이더를 조작하면 다양한 색감으로 표현할 수 있는데, 이번에는 불의 힘이 깃든 오렌지색 계통으로 설정했습니다❾.

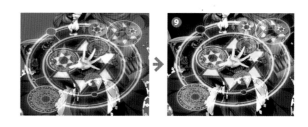

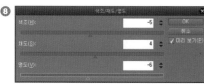

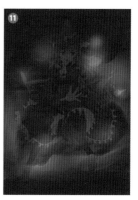

05 | 전체에 발광 효과를 더한다.

[더하기] 모드 레이어를 작성한 뒤에, S-Air 브러시의 [불투명도 : 70%]로 설정하고 불의 반짝임을 표현합니다❿. ⓫은 발광 효과를 묘사한 부분을 구분하기 쉽도록 표시한 것입니다. 터치를 전체에 균일하게 넣는 것이 아니라, 강조하고 싶은 포인트를 중심으로 일부러 얼룩을 만들면서 그립니다. 하지만 지나치면 번들번들한 그림이 되므로 어디까지나 자연스럽게 넣는 것이 요령입니다.

06 | 아날로그 느낌의 터치를 넣는다.

[표준] 모드 레이어를 작성하고 T-Sakuyo 브러시와 G-Finger 브러시로 터치를 넣었습니다. G-Finger 브러시는 ⓬처럼 손끝으로 물감을 늘인 듯한 표현이 가능해서 불의 마무리 작업 등에 특히 유용합니다. 합성 모드를 [더하기] 등으로 설정한 레이어에 넣은 발광 효과뿐만 아니라, [표준] 모드 레이어에서 아날로그 느낌의 터치를 올리면 완성도가 극적으로 높아집니다.

불을 표현하는 아날로그 느낌의 핵심을 리듬감입니다. 기분 좋은 흐름을 의식하면서 그립니다. 특히 ⓭처럼 같은 방향의 곡선이 이어지는 리듬이 단조로우면 NG입니다. 크기와 휘어지는 방향에 변화를 더해, 보는 사람의 눈이 지루하지 않도록 합니다⓮.

물 속성 메이킹

01 | 배경을 어둡게 한다.

캐릭터 뒤를 푸르스름한 회색[R47/G56/B66]으로 채웁니다. 물은 배경이 밝으면 상쾌하고 투명감이 느껴지는데, 이번에는 강력한 물 마법이라는 설정이므로, 어두운 배경으로 강력한 분위기를 연출합니다①.

02 | 물의 밑그림을 그린다.

S-오일 브러시의 [불투명도 : 70%]로 설정하고 물의 밑그림을 그립니다. 색은 파란색의 중간색을 사용했습니다. 큰 브러시로 곡선의 흐름②를 의식하면서 빠르게 브러시를 움직입니다. 떠있는 물방울이 아니라, 흐르는 물이 공중으로 용솟음치는 형태로 그립니다.

03 | 물의 투명감을 표현한다.

p.75에서 설명한 기법으로 마법진의 색을 파란색 계열로 변경하고, 완성된 이미지를 떠올리기 쉽도록 표시로 설정합니다. 마법으로 발생한 물이라는 설정이므로 [더하기] 모드 레이어를 작성한 다음, S-Air 브러시의 [불투명도 : 30%]로 설정하고 물의 밑바탕에 마법 느낌의 빛을 그립니다③.

다음은 배경 부분의 색을 [스포이트] 도구로 추출해 물의 밑그림에 ④처럼 그렸습니다. 이것으로 물의 특성인 '투명'을 표현할 수 있습니다.

04 | 캐릭터 위에 물의 밑그림을 그린다.

지금까지 캐릭터 뒤에 물을 그렸는데, 이제는 캐릭터 앞에도 물을 그립니다. 가장 위에 레이어를 추가한 다음, S-Pen 브러시는 [불투명도 : 90~100%], G-Finger 브러시는 [불투명도 : 100%]로 설정하고 물의 밑그림❺를 묘사합니다. 이펙트의 입체감을 표현하려고 캐릭터 위에 이펙트를 그렸습니다.

반사하는 흰색의 하이라이트를 표현하려고 흰색에 가까운 색을 사용했습니다. 이 단계에서는 어디까지나 밑그림이므로 화면 전체를 보면서 흐름을 만든다고 생각하면 좋습니다.

05 | 색을 보정하고, 물의 투명감을 표현한다.

[레이어] 메뉴의 [신규 색조 보정 레이어]→[컬러 밸런스]를 선택해, 가장 위에 색조 보정 레이어를 추가합니다. 주로 하이라이트 부분의 색을 파란색에 가깝게 ❻처럼 설정합니다. 이제 마법다운 느낌이 조금씩 나타납니다.

❼처럼 물의 밑그림에 배경색을 넣습니다. 방법은 ❹와 같지만, 대부분 S-Pen 브러시를 사용해 선명하게 표현하고, 군데군데 G-Finger 브러시로 흐릿하게 다듬습니다.

06 | 물을 묘사한다.

S-Pen 브러시와 G-Finger 브러시로 묘사합니다❽. 물은 표면장력으로 둥근 형태를 띠거나 흐름이 격렬하면 또렷해지는 특성이 있는데, S-Pen 브러시는 양쪽 특성을 쉽게 표현할 수 있습니다❾. 또한 G-Finger 브러시는 물감을 늘인 듯함 흐림 효과를 표현할 수 있으므로, 물의 투명 부분을 군데군데 원을 그리듯이 흐릿하게 다듬으면 간단히 물의 느낌을 나타납니다❿.

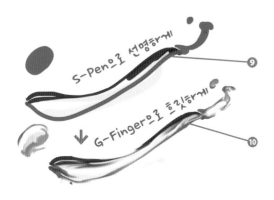

S-Pen으로 선명하게 ❾

G-Finger으로 흐릿하게 ❿

번개 속성 메이킹

01 노란색으로 밑그림을 그린다.

배경을 어두운 회색으로 채우고, S-Oil 브러시의 [불투명도 : 80%]로 설정하고 이펙트의 밑그림을 그립니다. 약간 오렌지색이 섞인 노란색[R193/G162/B118]을 사용합니다. 노란색은 이펙트의 색감에 변화를 더하기 위한 색입니다. 파란색이라고 해서 파란색만 고르게 들어간 이펙트보다도 약간 다른 색이 섞인 이펙트가 변화가 있어서 아름답게 완성할 수 있습니다. ❶처럼 소녀가 서 있는 부분에서 힘이 발산되는 형태로 브러시를 세로 방향으로 빠르게 움직입니다.

02 배경을 어둡게 하고 번개의 흐름을 그린다.

S-Oil 브러시의 [불투명도 : 60%]로 설정하고 세로 방향의 터치를 넣어 배경을 어둡게 합니다. 움직이는 방향이 ❷처럼 ❶의 방향과 반대인 것이 포인트입니다. 푸르스름한 회색[R50/G61/B73]을 사용했습니다. 얼룩을 만들어 밑그림의 노란색이 완전히 사라지지 않도록 하는 것이 포인트입니다. 살짝 비쳐 보이는 노란색이 이펙트를 선명하게 만듭니다. 어느 정도 어두워졌다면 G-Finger 브러시를 지그재그로 움직여서 얼룩진 부분을 흐릿하게 다듬어서 번개의 흐름을 표현할 수 있습니다❸. 번개의 색은 ❹처럼 밝은 부분의 색을 [스포이트] 도구로 추출합니다.

03 색조를 보정하고 마법진을 작게 한다.

컬러 밸런스로 캐릭터와 마법진의 색을 보정하고 푸르스름한 색으로 변경합니다. 방법은 p.74의 설명과 완전히 같습니다.

다음은 마법진을 본래 크기의 절반 정도로 축소합니다❺. 세밀한 마법진과 번개처럼 공중에 작은 가지들이 뻗어 나가는 타입의 이펙트를 합치면 정보량이 너무 많기 때문입니다.

04 흰색으로 번개의 밑그림을 그린다.

캐릭터 위에 [더하기] 모드 레이어를 추가한 다음. T-Sakuyo 브러시의
[불투명도 : 70%]로 설정하고 번개의 밑그림을 흰색으로 그립니다⑥. T-
Sakuyo 브러시는 선명함의 완급을 조절한 아날로그 느낌의 선을 그릴 수
있습니다. S-Pen 브러시를 사용해도 좋지만, 너무 깔끔한 선보다 텍스처
가 들어간 아날로그 느낌의 선이 정보량도 있고, 분위기 있는 이펙트가 됩
니다.

어디까지나 밑그림 단계이므로 지나치게 꼼꼼하게 그릴 필요는 없습니다.
번개가 어떤 느낌으로 뻗어 나가는지 이미지를 잡는 정도면 충분합니다.

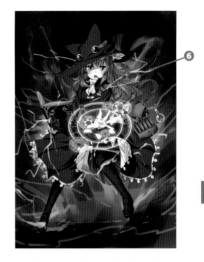

05 [더하기] 레이어로 발광 효과를 표현한다.

[더하기] 모드 레이어를 추가하고 흰색 번개의 밑그림을 브러시로 덧칠해
발광 효과를 올립니다⑦. 주로 S-Oil 브러시와 S-Air 브러시를 사용하고,
채도가 높은 파란색[R10/G101/B191]을 사용합니다. 흰색 밑그림을 정확하
게 덧그리는 것이 아니라 약간 큰 브러시로 대강 거칠게 터치를 넣어 주위
로 파란색 빛이 흩어지는 모습을 표현하는 것이 중요합니다.

06 배경의 색으로 번개를 지운다.

주로 S-Oil 브러시로 ⑧처럼 어두운 배경색을 [스포이트]로 추출해 번개를
지워서 선명하게 다듬습니다. 이 부분은 역발상이 필요합니다. 직접 그리는
것이 아니라 ⑨처럼 흐릿한 빛을 배경색으로 지워서 번개를 표현하는 것입
니다. 이 기법은 흐릿한 부분에 덧그리기만 하면 되므로 시간도 줄일 수 있
고, 브러시의 터치가 적당히 들어감으로써 그림의 맛도 깊어집니다.

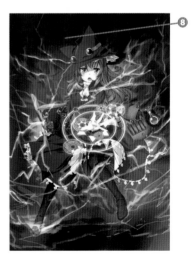

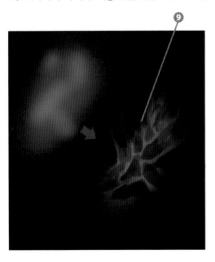

브러시의 터치

바람 속성 메이킹

01 노란색으로 밑그림을 그린다.

배경을 어두운 회색으로 채운 뒤에 S-Oil 브러시의 [불투명도 : 70%]로
설정하고 밑그림을 그립니다. 군데군데 G-Finger 브러시의 [불투명도 :
100%]로 설정하고 타원을 그리듯이 움직여서 흐려지게 합니다❶. 밑그림
의 색은 황록색에 가깝습니다. 바람은 본래 색이 없지만, 황록색으로 빛을
발산하는 표현을 많이 씁니다. 아마도 바람 속성에는 신록이라는 자연의
청정한 이미지가 있기 때문일 거라고 생각합니다.

02 캐릭터의 색과 마법진의 색을 변경한다.

캐릭터의 색을 p.74저럼 컬러 밸런스로 보정합니다❷. 황록색 바람 마법의
빛을 받는 부분에 녹색에 가까운 하이라이트를 넣었습니다. 마찬가지로 마
법진의 색도 황록색에 가깝게 변경합니다. 바람 이펙트도 정보량이 많아서
화면이 혼란스럽지 않도록 마법진을 축소합니다.

03 바람의 밑그림을 그린다.

캐릭터 위에 신규 레이어를 추가한 다음. S-Oil 브러시의 [불투명도 : 90%]
로 설정하고 바람의 밑그림을 흰색으로 그립니다. ❸처럼 왼쪽에서 오른
쪽 위로 소용돌이를 그리듯이 브러시를 움직이는 것이 포인트입니다.

▶Point 캐릭터의 포즈와 이펙트를 조절한다.

사실 지금까지 그린 이펙트는 전부 왼쪽에서 오른쪽 위로 흐른다는 느낌
을 받지 않으셨습니까? 캐릭터의 포즈가 기울어졌기 때문입니다❹. 머리
카락도 오른쪽으로 흐르고, 캐
릭터 전체가 왼쪽에서 오른쪽으
로 향하는 움직임이 있다는 것
을 알 수 있습니다. 어떤 속성의
이펙트를 그리더라도 이렇게 캐
릭터의 포즈와 이펙트를 일치시
키는 것이 중요합니다.

04 밑그림을 흐릿하게 다듬어 움직임을 더한다.

G-Finger 브러시의 [불투명도 : 100%]로 설정하고 전 단계에서 그린 바람의 밑그림에 흐릿하게 다듬어 속도감을 표현합니다. 대강 칠해도 분위기가 잡히지만, ⑤처럼 이펙트 윗부분은 오른쪽 위로, 아랫부분은 왼쪽 아래로 흐름이 느껴지도록 테두리를 흐릿하게 다듬어 줍니다.

05 [더하기] 레이어로 발광 효과를 표현한다.

바람의 밑그림 위에 [더하기] 모드 레이어를 추가하고 이펙트로 발광 효과를 표현합니다⑥. S-Air과 E-S-Oil 브러시로 노란색을 칠했습니다. 강한 노란색을 선택한 이유는 다른 이펙트를 함께 배치했을 때 명확한 차이가 필요하다고 생각했기 때문입니다. E-S-Oil 브러시는 S-Oil 브러시를 지우개 브러시로 만든 것입니다. 우선 ⑦처럼 S-Air 브러시를 사용해 대강 빛을 올린 뒤에 E-S-Oil 브러시로 이펙트의 흐린 영역을 따라서 지워주면 깔끔한 부분과 흐린 부분의 강약을 간단히 표현할 수 있습니다⑧.

 →

06 터치를 더한다.

[표준] 모드 레이어를 추가하고 포인트별로 아날로그 느낌의 터치를 넣어 그림의 맛을 더합니다⑨. [스포이트] 도구로 캔버스에서 추출한 색을 S-Oil과 G-Finger 브러시로 칠합니다. 터치는 주로 발밑과 머리 위쪽 부근에만 넣습니다. 이유는 캐릭터의 얼굴과 몸통에는 이미 충분한 정보량이 있기 때문입니다⑩.

3

속성 마법의 이펙트

81

땅 속성 메이킹

01 발밑에 빛을 그린다.

배경을 어두운 회색으로 채운 뒤에 S-에 브러시의 [불투명도 : 70%]로 설정하고, 마법진과 같은 계열인 보라색을 사용해 소녀의 발밑에서 솟아오르는 빛을 그립니다. 보라색을 사용한 이유는 땅의 갈색과 잘 어울리고 마법다운 분위기를 표현할 수 있기 때문입니다. 합성 모드가 [표준]인 레이어를 사용합니다. 우선 ❶처럼 지그재그로 선을 긋고 그 위로 분출되는 빛을 의식하면서 세로로 터치를 넣습니다. 지그재그는 지면이 갈라져 마법의 빛이 나오는 이미지입니다.

02 배경에 밑그림을 그린다.

'발밑의 빛' 레이어 아래에 레이어를 추가한 뒤에 S-에 브러시의 [불투명도 : 70%]로 설정하고 밑그림을 그립니다. 브러시 크기를 키우고 발밑에서 분출되는 빛을 표현합니다. ❷처럼 브러시를 움직임을 의식합니다. 이 단계의 포인트는 색입니다. 기본은 발밑의 빛과 같은 보라색을 사용하지만, ❸처럼 군데군데 황토색을 섞어서 땅의 형태는 만듭니다.

03 터치를 넣고 선명하게 다듬는다.

S-에 브러시로 강한 필압의 터치를 넣어 흐릿한 밑그림을 선명하게 만듭니다❹❺. '터치를 넣는 부분의 색을 [스포이트] 도구를 추출 → '강한 필압의 터치를 넣는다'를 반복해, 흐릿한 부분에도 선명한 부분을 넣어서 강약을 만듭니다. 처음부터 선명하게 그리기보다는 흐릿한 상태에서 선명하게 만드는 편이 색의 변화와 부드러운 부분과 단단한 부분의 강약을 표현하기 쉽습니다. 이 기법은 흙벽과 지면, 아스팔트 등 다양한 표현에 응용할 수 있습니다.

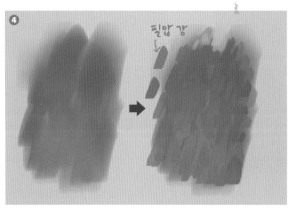

흐릿한 베이스   강한 터치로 선명하게

04 | 가장 앞에 흙의 실루엣을 그린다.

캐릭터 레이어 위에 신규 레이어를 작성하고, S-Oil 브러시로 강한 필압의 터치를 올려서 흙의 실루엣을 그립니다. 검은색을 사용합니다. 표준. 배경이 있는 그림에서는 검은색을 거의 쓰지 않지만, 이후에 빛의 효과를 올릴 예정이므로, 지금은 검은색이라도 문제없습니다. S-Oil 브러시는 필압이 약하면 흐릿한 터치, 강하면 선명한 터치가 되므로, 필압만으로 분위기를 조절할 수 있습니다. 이번에도 ⑥처럼 밑에서 위로 솟아오르는 이미지가 중요합니다.

05 | [더하기] 레이어로 마법의 느낌을 더한다.

빛이 약하고 밋밋하므로 [더하기] 모드 레이어를 추가하고, S-Air 브러시로 터치를 넣어 마법다운 느낌을 표현합니다. 브러시 크기를 키우고 소녀의 발밑을 중심으로 빛이 위로 솟아오르는 이미지를 그립니다. ⑦처럼 이전 단계에서 그린 지면 실루엣에 빛을 올립니다. 검은색뿐인 부분에 부드러운 빛을 올리면 입체감이 생깁니다.

06 | 터치와 색조 보정으로 흙의 이미지를 표현한다.

[레이어] 메뉴의 [신규 색조 보정 레이어]→[컬러 밸런스]로 색조 보정 레이어를 추가하고, 주로 중간조를 옐로에 가깝게 조절합니다 ⑧. 그러면 처음에 칠했던 노란색이 돋보이고 땅 마법다운 느낌이 생깁니다. 다음은 **03**과 마찬가지로 S-Oil과 T-Sakuyo 브러시를 사용해, [스포이트] 도구와 선명한 터치를 반복하면서 ⑨, 땅의 단단함을 표현하면 완성입니다 ⑩.

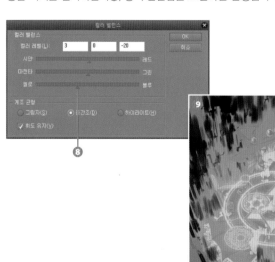

완성 터치

얼음 속성 메이킹

01 흰색에 가까운 파란색으로 채운다.

우선 배경을 흰색에 가까운 파란색을 채웁니다❶. 지금까지는 어두운 배경부터 시작했지만, 얼음과 눈을 이미지로 하얗고 차가운 분위기가 필요해서 밝은 배경부터 그립니다.

02 얼음의 실루엣을 그린다.

T-Pastel 브러시로 얼음의 실루엣을 그립니다❷. 실루엣이라고 해서 얼음 자체를 그리는 것이 아니라 얼음 뒤의 배경을 어둡게 그려서 실루엣을 간접적으로 표현합니다❸. 이 기법은 비효율적으로 보이지만, ❹처럼 브러시 터치로 인해 어두운 배경에도 자연스러운 깊이감이 생기므로, 오히려 효율이 좋습니다. T-Pastel 브러시는 파스텔처럼 정보량이 있는 터치를 넣을 수 있어서, 얼음 표면의 날카로운 느낌이나 내부의 왜곡된 투명감을 표현하는 데 적합합니다.

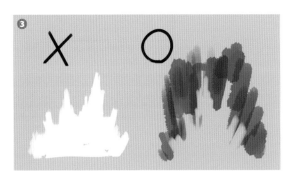

배경을 어둡게 하면 간접적으로 실루엣을 그린다.

03 마법진의 형태를 다듬는다.

마법진을 변형(Ctrl+T)으로 납작하게 수정하고, 발밑으로 옮깁니다❺. 변형은 사각형을 드래그하면 위아래로 크기를 조절할 수 있습니다❻. 원은 정확하지 않아도 원근의 위화감이 거의 없어서 납작하게 만들기만 해도 간단히 발밑에 배치할 수 있습니다.

04 대비를 더한다.

[더하기] 모드 레이어와 [곱하기] 모드 레이어로 화면에 대비를 더합니다 ❼. 우선 [더하기] 모드 레이어를 추가하고 S-Air 브러시로 마법진에서 위로 분출하는 빛을 ❽처럼 그립니다. [곱하기] 모드 레이어를 추가하고, S-Air 브러시로 윗부분 전체를 얼음의 흰색이 드러날 정도로만 어둡게 한 뒤에, E-S-Oil 브러시를 사용해 부분적으로 지우고, 선명한 얼음 실루엣을 표현합니다 ❾. 02의 기법과 거의 같습니다.

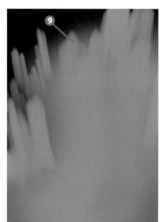

05 얼음을 묘사한다.

T-Sakuyo와 S-Oil 브러시로 그려 넣습니다 ❿. 포인트는 밑그림을 활용하는 것입니다. 이미 얼음의 분위기는 잡혔으므로, 이후에는 얼음의 느낌을 강조할 뿐입니다. 얼음은 투명이므로 각도에 따라서 빛을 강하게 반사하는 특성이 있어서 배경의 검은색으로 투명⓫을, 밝은 터치로 반사⓬를 표현합니다.

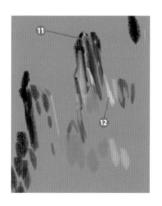

06 냉기를 그린다.

좀 더 분위기가 있으면 해서, 신규 레이어를 작성하고 S-Air와 E-S-Oil 브러시로 냉기의 흐름이 분출되는 모습을 그립니다⓭. 그리는 방법은 p.81에서 바람을 그리면서 강약을 넣던 방법을 참고합니다. S-Air 브러시로 흐릿하게 그린 뒤에 E-S-Oil 브러시를 사용해 지웁니다. 다시 ⓮처럼 캐릭터의 입 주위에도 입김을 표현하는 흰색 터치를 넣습니다. 간단히 추위를 전달할 수 있으므로 차가운 장면과 추위를 전달하고 싶을 때는 꼭 활용해보세요.

Scene 4

1점 투시도법으로 그린 배경

해 질 무렵의 귀갓길

❶
러프

❷
1점 투시도법
작성

❸
밑색을 칠한다.

❹
빛을 그린다.

❺
배경을 묘사한다.

❻
완성

Scene 1~3까지는 원근법을 사용하지 않은 배경을 소개했습니다. 지금부터는 원근법을 사용해 더 본격적인 배경을 그리는 방법을 설명합니다. Scene 4에서는 1점 투시도법을 사용한 가장 단순한 배경 구성과 해 질 무렵을 표현하는 방법이 설명의 핵심입니다. 노스탤지어라는 키워드로 청춘은 만끽하는 고등학생 시절의 한 장면을 그렸습니다. 사실 이런 청춘을 보내고 싶었습니다!

2508×3541px

약 8시간

눈높이의 원리

원근법을 도구로 사용하는 방법을 설명합니다. 원근을 제대로 활용하려면 가장 먼저 알아야 하는 중요한 포인트가 눈높이입니다.

눈높이란?

❶의 선을 눈높이라고 부릅니다. 영어로는 Eye Level이므로 주로 EL이라고 간략하게 표기합니다. 눈높이는 그림을 그리는 데 손에 꼽을 만큼 중요한 지식이므로, 대부분은 원근이 다소 어긋나더라도 문제없이 보이지만, 근본적으로 눈높이가 이상하면 그림도 이상해 보입니다. 원근법을 사용할 때는 우선 눈높이를 설정하는 것에서 시작합니다.

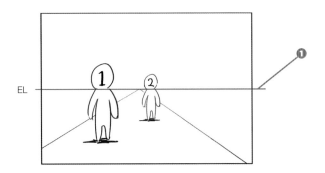

눈높이의 3가지 포인트

[01] 눈높이=카메라를 설치한 높이

눈높이란 카메라를 설치한 높이를 뜻합니다. 예를 들면 지면에서 1m 높이에 카메라를 설치했다면, 1m 높이에 눈높이가 있습니다❷. 눈높이의 선이 지나는 위치는 아무래 멀어지더라도 1m가 되므로 높이의 기준이라고 할 수 있습니다. 눈높이는 말 그대로 시선의 높이라고도 하는데, 카메라로 촬영 중인 장면인 ❸과 같다고 생각하면 원근법을 이해하기 쉽습니다.

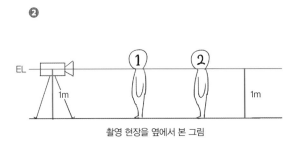

촬영 현장을 옆에서 본 그림

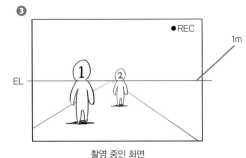

촬영 중인 화면

[02] 위쪽과 아래쪽은 각각 다르게 보인다.

눈높이의 위쪽과 아래쪽에 상자를 배치합니다❹. 이때 눈높이 위쪽에 있는 것은 밑에서 올려다본 것처럼 상자의 밑면이 보이고❺, 눈높이 아래쪽에 있는 것은 위에서 내려다본 것처럼 상자의 윗면이 보입니다❻. 사실 원근법에서 가장 중요한 것이 눈높이의 위쪽과 아래쪽이 서로 다르게 보인다는 점입니다. 그림을 그릴 때는 이 차이를 항상 의식해야 합니다.

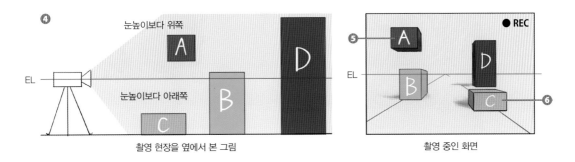

촬영 현장을 옆에서 본 그림

촬영 중인 화면

[03] 하이 앵글과 로우 앵글은 카메라의 각도

카메라가 위로 향하면❼ 눈높이는 화면의 아래로 내려간 것처럼 보이고❽, 카메라가 아래로 향하면❾ 눈높이는 위로 올라간 것처럼 보입니다❿. 일반적으로 위에서 내려다본 구도를 하이 앵글, 밑에서 올려다본 구도를 로우 앵글이라고 합니다. 즉, 하이 앵글일 때는 카메라가 아래로 향하고, 로우 앵글일 때는 카메라가 위로 향합니다.

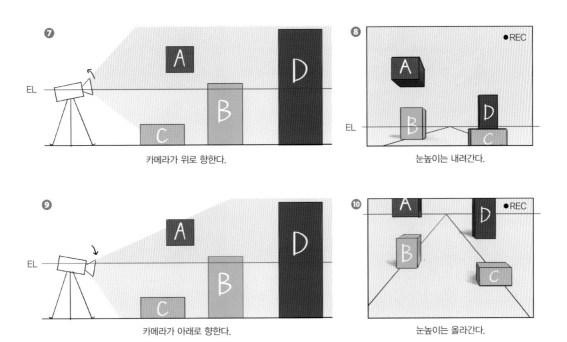

카메라가 위로 향한다.

눈높이는 내려간다.

카메라가 아래로 향한다.

눈높이는 올라간다.

1점 투시도법
시작하기

원근법에서 가장 편리한 1점 투시도법을 설명합니다. 1점 투시도법을 사용하면 깊이가 있는 공간을 쉽게 그릴 수 있습니다.

1점 투시도법이란?

1점 투시도법은 설정한 한 개의 소실점을 기준으로 그림을 그리는 기법입니다. 단지 소실점이 1개라서 1점 투시도법입니다. 기본은 ❶과 같습니다. ❷의 선을 투시안내선이라고 합니다. 투시안내선을 계속 추가하면 ❸처럼 집중선이 됩니다. 즉, 1점 투시도법이란 집중선을 사용하는 것입니다. 집중선을 참고해 '멀리 있는 것은 작게 보이고, 가까이 있는 것은 크게 보이다'는 원근감을 표현하는 것입니다. 1점 투시도법=집중선. 이 원리를 이해하면 퍼스 브러시를 사용해 간단하게 1점 투시도법을 그릴 수 있습니다.

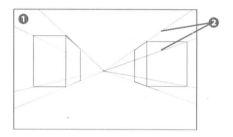

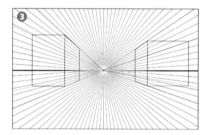

소실점이란?

눈앞에 사람이 있다고 가정합니다. 그 사람이 점차 멀어지는 모습을 계속 지켜보면, 점점 작아질 것입니다. 계속 보고 있으면 바늘 끝처럼 작은 점이 되는데, 바로 이 점이 소실점입니다. 멀리 있는 것은 작게 보이는 현상을 나타내는 것이 소실점입니다❹. Vanishing Point이므로 VP라고 표기합니다. 소실점은 눈높이에 생기는 것이 특징입니다. 소실점을 정하면 자연스럽게 눈높이가 정해지는 것입니다.

1점 투시도법의 사용법

1점 투시도법은 대단히 만능이며, 공간의 깊이를 파악하는 데 적합합니다. ❺와 ❻을 비교해 보겠습니다. ❻이 더 깊이를 있어 보이지 않습니까? 이처럼 1점 투시도법은 깊이를 나타내는 가이드로 사용합니다. ❼은 실제로 투시안내선을 기준으로 그린 예입니다. 완전 하얀 캔버스에 그림을 그리는 것은 용기가 필요하지만, 미리 1점 투시도법의 집중선을 배치해두면 편하게 깊이를 그릴 수 있습니다.

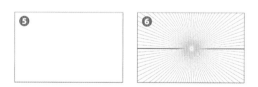

1점 투시도법의 투시안내선을 그린다.

이 책의 특전 데이터인 퍼스 브러시(U-Pers 브러시)를 사용해 1점 투시도법의 안내선을 그립니다. 원근 브러시는 브러시를 확대, 축소만으로 1점 투시도법의 투시안내선(집중선)을 간단하게 그릴 수 있습니다.

[01] 소실점을 정한다.

소실점(VP)을 원하는 위치에 찍습니다❽. 처음에는 빨간색처럼 구분하기 쉬운 색이 좋습니다. 소실점을 정하는 것이 눈높이를 정하는 것이므로, 소실점을 찍은 위치가 눈높이입니다. 익숙해지면 이 단계를 생략해도 좋습니다.

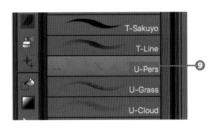

[02] U-Pers 브러시로 클릭한다.

U-Pers 브러시❾를 선택한 다음, 레이어를 새로 추가하고 화면 중앙 부근을 클릭합니다. 그러면 ❿처럼 원근의 베이스가 되는 정사각형의 집중선을 그릴 수 있습니다.

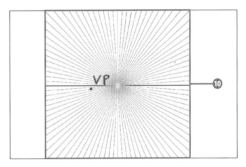

[03] 소실점에 일치하도록 중심선의 초점을 옮긴다.

[편집] 메뉴에서 [변형] → [확대/축소/회전]을 선택하거나 Ctrl + T 로 변형합니다. 집중선을 드래그해서 ⓫처럼 집중선 중앙이 소실점과 겹치도록 위치를 조절합니다. 변형 모드를 그대로 둡니다.

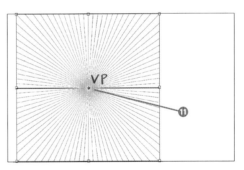

[04] 화면에 가득 차도록 확대한다.

Alt 를 누른 채로 ⓬처럼 네 귀퉁이의 사각형을 드래그하면 집중선이 중앙을 고정한 상태로 자유로운 크기를 조절할 수 있습니다. 그대로 화면에 가득 차게 변형하고 Enter 를 눌러 완성합니다. 이것으로 1점 투시도법의 안내선은 완성입니다. 참고로 U-Pers 브러시 중앙의 굵은 선⓭은 눈높이입니다. 실제로 1점 투시도법의 안내선을 그려보면, 원했던 이미지와 맞지 않을지도 모릅니다. 그럴 때는 다시 확대/축소로 소실점과 눈높이의 위치를 자유롭게 변경하면 됩니다. U-Pers 브러시로 그린 투시안내선은 변형만으로 손쉽게 수정할 수 있는 강점이 있습니다.

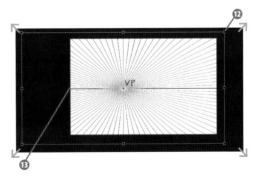

퍼스자
사용법

퍼스자를 사용해 정확한 선을 긋는 방법을 소개합니다. **정확한 원근으로 그리고 싶을 때 편리한 기능입니다.** 예를 들면 **Scene 4** 의 일러스트에서는 너무 정확한 선을 표현하고 싶지 않아서 퍼스 자를 사용하지 않고 그렸습니다.

퍼스자란?

퍼스자란 원근이 정확한 선을 프리핸드로 간단히 그릴 수 있는 기능입니다. 퍼스자를 사용하지 않을 때는 Shift 를 누른 채로 클릭하는 방식으로 직선을 그어야 하지만, 퍼스자를 사용하면 프리핸드로 원근이 정확한 선을 그을 수 있습니다.

> **Point** '퍼스자'는 'U-Pres 브러시'와 함께 사용한다.

이 책에서는 퍼스자는 U-Pers 브러시와 함께 사용합니다. 퍼스자만으로는 깊이의 기준을 설정하기 어렵기 때문입니다. U-Pers 브러시로 그린 투시안내선(집중선)을 기준으로 퍼스자를 사용하면, 건물과 실내 등의 정확한 직선과 원근감이 필요한 배경을 효율적으로 그릴 수 있습니다.

퍼스자를 사용해 1점 투시도법을 그려보자.

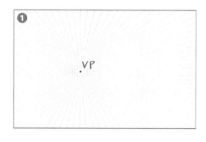

[01] U-Pers 브러시로 투시안내선을 그린다.

U-Pers 브러시를 사용해 1점 투시도법의 투시안내선을 작성합니다 ❶. U-Pers 브러시 사용법은 p.91을 참고하세요.

[02] 퍼스자 모드로 변경한다.

[도구] 창에서 [자]❷를 클릭합니다. [보조 도구] 창에서 [퍼스자]❸을 선택합니다. [도구 속성] 창의 [투시도법 변경]과 [편집 레이어에 작성]❹에 체크를 합니다. [보조 도구]와 [도구 속성] 창 등이 표시되지 않을 때는 [창] 메뉴에서 각각의 항목을 선택하면 표시됩니다.

[03] 드래그한다.

우선 신규 레이어를 작성하고 퍼스자를 설치합
니다. 캔버스를 터치하면 가로 방향의 안내선이
나타납니다. 터치한 상태로 투시안내선을 덧그
리듯이 소실점❹의 방향으로 움직이면❺, 안내
선이 조금씩 투시안내선과 일치하게 됩니다. 안
내선이 소실점을 관통하면 터치를 놓습니다.

[04] 한 번 더 드래그한다.

이번에는 화면 아래쪽의 투시안내선을 터치하면
2개의 안내선이 나타납니다. 터치한 상태로 투
시안내선을 덧그리듯이 소실점 방향으로 움직여
서❻, 안내선이 소실점을 관통하면 터치를 놓으
면 ❼과 같은 화면이 되고, 퍼스자 설정이 끝납
니다. 설정이 끝나면 레이어 옆에 자 아이콘❽이
표시되는데, 퍼스자가 적용된 레이어를 나타냅
니다. 이 아이콘을 원하는 레이어로 드래그하면
다른 레이어에 자를 가져갈 수 있습니다.

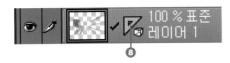

[05] 자유롭게 그린다.

브러시를 선택하고 캔버스에 적당히 선을 그어
보세요. 이 상태에서는 '소실점으로 향하는 선',
'눈높이와 평행인 선', '눈높이에 수직인 선'만 그
을 수 있습니다❾. 적당히 브러시를 움직여도 원
근이 정확한 선을 그을 수 있는 것입니다. 프리
핸드로는 어려운 건물이나 실내의 선은 이 상태
에서 그리면 효율적입니다.

▶Point◀ 스냅 ON/OFF

[표시] 메뉴 → [특수자에 스냅]의 체크를 해제하
면 퍼스자에 적용된 스냅을 해제할 수 있습니다.
Ctrl + 2 로도 ON/OFF 변경이 가능합니다. 자
유롭게 선을 긋고 싶을 때는 스냅을 해제하면 됩
니다.

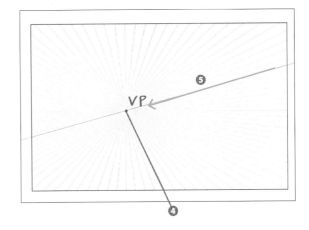

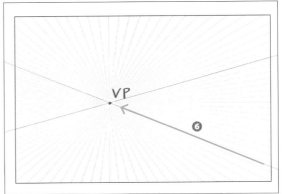

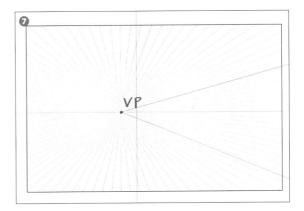

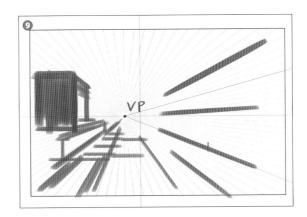

메이킹

01 실루엣을 그린다.

S-에이 브러시로 캐릭터와 지면의 실루엣을 그립니다❶. 어디까지나 '해 질 무렵 시골길을 따라 집으로 돌아가는 소년과 소녀'라는 머릿속의 이미지를 빠르게 그린 러프입니다. 포즈와 표정 등의 세부는 생각하지 않고 그렸습니다. 백지에 처음부터 상세한 이미지를 그리는 것보다 대강의 인상을 실루엣으로 잡는 편이 부담이 적습니다.

> **Point** 캐릭터의 접지면을 의식하기 쉽다.

지면에 발이 붙어 있는 캐릭터를 그릴 때는 지면의 실루엣도 함께 그려야 합니다. 발과 지면의 접지면을 확인할 수 있어서 캐릭터가 지면에 서 있는 모습을 그리기 쉽습니다.

02 러프 선화로 이미지는 잡는다.

캐릭터의 러프 선화용 레이어를 추가로 작성합니다. S-에이 브러시의 크기를 줄이고, 실루엣 위에 러프 선화를 그려서 장면의 이미지를 잡습니다❷. 둘이서 함께 돌아가려고 소녀가 손을 내밀어서 붙잡고, 소년의 얼굴을 보기가 부끄러운 듯이 소녀가 고개를 돌린 장면입니다.

선화라고 해도 가는 선뿐만 아니라 바지와 스커트, 가방 등 색이 진한 것은 브러시 크기를 칠하면서 그립니다. 색이 진한 그림은 칠해서 그리면 캐릭터 전체의 실루엣을 파악하기 쉽습니다.

> **Point** 캐릭터의 위치 관계를 파악하기 쉽다.

소녀의 발과 지면의 접지면, 소년의 발과 지면의 접지면이 이어지게 그리면 서로의 위치 관계를 쉽게 파악할 수 있습니다.

03 투시안내선을 그린다.

U–Pers 브러시로 1점 투시도법의 투시안내선을 그립니다.
U–Pers 브러시는 확대/축소로 정확한 투시안내선을 그릴
수 있는 브러시입니다. 길은 ❸처럼 이어지는 이미지였으
므로 소실점(VP)은 ❹의 위치에 설치했습니다. 투시안내선
을 그릴 타이밍은 러프를 그린 뒤나 러프를 그리기 전이라
도 괜찮습니다. 필요하다고 생각할 때 사용하면 됩니다.

참조 Perspective : 1점 투시도법 시작하기(p.90)

Point 소실점은 어디에 배치해야 할까?

U–Pers 브러시를 사용할 때는 소실점의 위치가 중요한데,
기본적으로 길과 가로등처럼 거리가 멀어질수록 작아지는
사물을 배치하면 좋습니다❺.

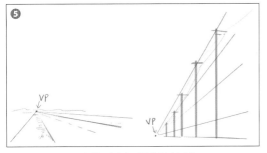

소실점은 길이나 전봇대 끝에 둔다.

04 투시안내선을 기준으로 그린다.

S–Oil 브러시로 각각의 요소를 투시안내선을 기준으로 그
립니다❻. 투시안내선을 참고하면서 전봇대, 가로수, 도로
등의 요소를 실루엣으로 간단히 그립니다. 1점 투시도법을
사용해 그리는 요령은 어디까지나 기준으로 적당히 참고한
다는 정도로만 의식하는 것입니다. 투시안내선에 정확하게
맞추려고 애쓰지 않도록 주의하세요.

Memo 지나치게 정확하면 리얼리티가 없다.

U–Pers 브러시와 함께 퍼스자도 사용하고 싶겠지만, Scene
4에서는 퍼스자를 사용하지 않았습니다. 이번처럼 원근을 나
타내는 인공물이 적은 야외 배경에서는 퍼스자는 너무 정확
해서 오히려 리얼리티가 없어지기 때문입니다. 현실의 길을
잘 보면 완전히 평평하지 않고, 경사가 있거나 굴곡이 있습
니다. 전봇대의 높이도 균일하지 않아서 지나치게 정확하게
그리지 않는 편이 리얼리티가 있습니다. 전봇대는 완전한 수
직이 아니라 약간 기울어지게 그리면 더 좋습니다.

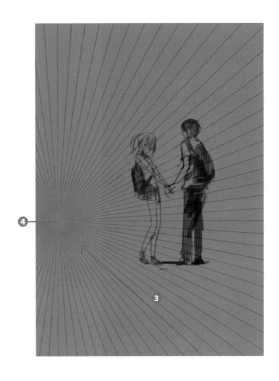

05 구름을 그린다.

S-오일 브러시로 왼쪽 구석에 구름을 그립니다. 원을 그리듯이 브러시를 움직여서 부드러운 질감을 표현합니다. 구름은 시선의 흐름을 잡아주는 역할을 합니다. 이번 일러스트에는 **7**처럼 흐름이 있는데, 전부 이 흐름을 따라가게 되면 시선이 그대로 그림 밖으로 빠져나가 버립니다. 따라서 시선을 잡아줄 구름이 필요한 것입니다.

> **Memo** 일본 농촌의 요소
>
> 일본의 농촌 분위기는 대부분 기호화되었다고 해도 좋습니다. 화면 안에 넣을 요소가 고민될 때는 전봇대, 삼나무, 논, 적란운 등을 넣으면 농촌의 분위기를 표현할 수 있습니다.

06 밑색을 칠한다.

[오버레이] 모드 레이어를 작성하고, S-오일 브러시로 하늘과 지면을 짙은 파란색으로 칠합니다**8**. 지면은 아스팔트지만, 하늘과 같은 색으로 칠합니다. 하늘의 색이 반사한다는 설정입니다.

다음은 석양 부분을 T-Chalk 브러시로 오렌지색을 칠했습니다**9**. 빛이 닿는 부분에는 정보량이 필요해 T-Chalk 브러시를 사용합니다. 입자 같은 텍스처가 들어간 T-Chalk는 브러시는 정보량을 보충할 수 있습니다.

07 캐릭터의 밑색을 칠한다.

S-Oil 브러시로 캐릭터에 색을 칠했습니다. 두 사람이 입은 옷은 흰색 셔츠지만, 지금은 하늘의 색❿을 [스포이트] 도구로 추출한 다음에 명도를 높여서 사용했습니다.

▶Point◀ 흰색은 쉽게 변한다.

흰색은 가장 밝은색입니다. 다시 말하면 가장 빛을 쉽게 반사하기 때문에 흰색으로 보입니다. 빛을 반사한다는 말은 주위의 빛도 함께 반사한다는 의미입니다. 예를 들어, 푸른 하늘 아래에 있으면 푸른 하늘의 빛을 반사해 파랗게 보이고, 사막이라면 모래의 색을 반사해 노란색으로 보입니다. 흰색은 주위의 색에 영향을 많이 받는 색입니다. 배경에서 흰색을 표현할 때는 하늘의 색을 [스포이트] 도구로 추출해서 밝게 하는 방법을 추천합니다.

08 캐릭터를 묘사한다.

S-Oil 브러시와 S-Sakuyo 브러시로 캐릭터를 묘사합니다⓫. 완전히 새로 그리는 것이 아니라 러프의 장점이 사라지지 않도록 주의하면서 터치를 더합니다.

화면 속에서 비교적 작은 캐릭터의 눈과 눈썹, 입 등에 강한 검은색 터치를 넣습니다⓬. 왜냐하면 대부분 떨어져서 그림을 보거나 스마트폰 화면 등으로 작게 보기 때문입니다. 지나치게 섬세하게 표현하면 표정이 눈에 잘 들어오지 않습니다.

4

해 질 무렵의 귀갓길

09 중경의 나무에 정보량을 더한다.

중경의 나무와 전봇대 등을 T-Chalk 브러시로 그립니다. 브러시의 불투명도를 70% 정도로 설정하고 ⑬처럼 세로 방향 터치를 넣습니다. 브러시의 텍스처와 덧칠한 효과로 밀도가 대단히 높아집니다. 이번에는 정보량을 더하는 데 전념합니다. 나무는 세밀한 부분은 신경 쓰지 않고 실루엣이 삼나무처럼 보이기만 하면 충분합니다. 거의 빛을 받지 못해 그늘이 되므로, 세부까지 보이지 않기 때문입니다.

10 중경의 논을 그린다.

논도 나무도 T-Chalk 브러시로 터치를 넣습니다. 브러시를 적당히 가로 방향으로 움직이면 됩니다. 이때 의도적으로 ⑭처럼 밑의 밝은 부분이 보이도록 빈틈을 만드는 것이 포인트입니다. 논의 수면이 빛을 반사하는 모습을 표현하기 위한 것으로 완전히 채우지 않습니다.

▶Point◀ 지나치게 다듬지 않는 것이 중요

배경이 점차 완성되어 갈수록 그림의 매력을 잃어간다고 느낀 경험은 없습니까? 보통 원인은 러프에서 우연히 나타난 좋은 표현을 완성하는 과정에 덮어버리기 때문입니다. 예를 들면 ⑭는 러프의 채색인데, 요소의 특징이 잘 표현된 상태입니다. 이렇게 거친 터치로 우연히 나타난 표현을 남겨두는 것이 러프의 장점을 남긴 상태로 완성하는 요령입니다.

11 구름을 묘사한다.

구름의 음영 부분의 색⑮를 [스포이트] 도구로 추출해, 빛의 방향을 의식하면 ⑯처럼 S—에 브러시로 구름의 음영을 크게 넓힙니다. 해 질 무렵의 구름은 대부분 전체가 밝아지지 않고 일부만 빛을 받으므로 입체감이 크게 도드라집니다. 따라서 구름의 음영은 전체에 균일하게 칠하는 것이 아니라 의도적으로 얼룩을 만들어 빛이 닿는 부분이 남도록 합니다. 그러면 ⑰처럼 밝은 부분이 드러나고 입체로 보입니다.

▶Point◀ 적란운으로 깊이를 표현한다.

적란운이라면 아래의 그림처럼 겹쳐서 깊이를 표현할 수 있습니다. 적란운의 역동성도 표현할 수 있어서 일석이조입니다.

실루엣이 겹쳐 깊이가 생긴다.

12 풀을 그린다.

T-Chalk 브러시와 T-Sakuyo 브러시로 풀의 베이스를 그립니다. 우선은 T-Chalk 브러시의 [불투명도 : 50% 정도]로 설정하고 음영을 더해 베이스를 그립니다. '논의 녹색'과 '아스팔트의 어두운 파란색'을 사용합니다. 덧칠해 색이 진해진 부분❶❾가 그림자입니다. 음영을 넣은 뒤에 T-Sakuyo 브러시로 풀의 실루엣을 그립니다. [스포이트] 도구로 밝은 부분❷⓿과 어두운 부분❷❶의 색을 추출해서 사용합니다.

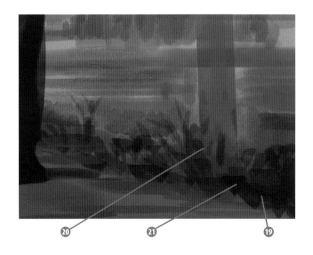

13 아스팔트를 그린다.

캐릭터가 서 있는 위치를 중심으로 S-Oil 브러시의 [불투명도 : 70% 정도]로 설정하고 가로 방향의 터치❷❷를 넣습니다. 터치를 넣은 부분의 색을 [스포이트] 도구로 추출해서 사용합니다. 지금끼지 리프의 흐릿한 부분에 불투명도가 높은 티치를 넣어서 아스팔트의 단단함을 표현할 수 있습니다. 이 기법 자체는 '터치를 넣어서 선명하게 한다(p.82)'와 같습니다.

>Point< 터치로 강약을 더한다.

캐릭터가 서 있는 부분은 리얼리티가 필요해 터치를 넣어야 하는데, 아스팔트 전체에 터치를 넣어버리면 이질감이 생깁니다. 리얼리티나 단단함이 필요한 부분에는 터치를 넣고, 눈에 띌 필요가 없는 부분은 밑그림을 활용하는 식으로 강약의 조절이 중요합니다.

14 전체를 선명하게 다듬는다.

[오버레이] 모드 레이어에 S-Air 브러시로 터치를 넣고, 보라색이 섞인 파란색으로 더합니다. 배경 요소의 실루엣 부근❸과 정보량이 적고 공간이 비어 있는 부분❹에 색을 더했습니다. 한색인 파란색은 차가운 인상이 되지만, 보라색을 섞으면 따뜻한 인상을 유지하면서도 선명한 수채화 느낌의 배경이 됩니다❺.

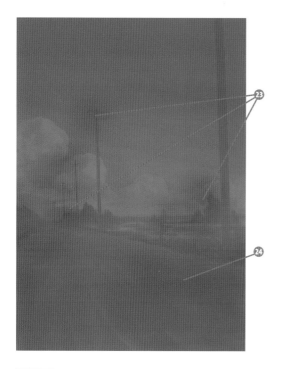

▶Point◀ 색조 보정으로 밸런스를 잡는다.

전체가 선명해졌으므로 구름의 채도도 높이겠습니다. [편집] 메뉴의 [색조 보정]→[색조/채도/명도]에서 [채도 : +14]❻으로 조절했습니다❼.

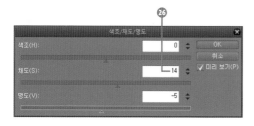

15 │ 중경을 묘사한다.

전체의 이미지가 대략 잡혔으면 묘사에 들어갑니다. 그렇다고 해서 밑그림을 덧칠해서 완전히 덮어버리는 것이 아니라, 주로 실루엣을 다듬어서 리얼리티를 더한다는 느낌으로 접근합니다. 해 질 무렵에는 그림자가 많아지고, 실루엣의 인상이 강해지기 때문입니다. 특히 삼나무의 실루엣은 농촌 분위기의 키포인트이므로 무척 중요합니다. T-Sakuyo 브러시로 터치를 넣고 실루엣 가장자리의 가지가 점차 선명해지게 다듬고➋➑, 같은 브러시로 터치를 넣어 가지의 중앙에서 좌우로 넓어지는 느낌➋➒를 표현해 리얼리티를 높입니다.

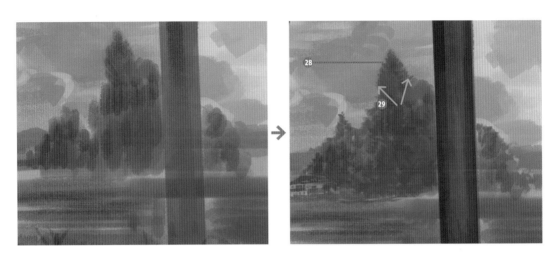

> **Point** ◀ **밑그림을 활용해 효율을 높인다.**

밑그림이 있는 요소는 최대한 이용합니다. 예를 들어 ➌➓처럼 하얀 부분은 살짝 다듬어서 비닐하우스로 만들었습니다. 밑그림을 최대한 활용하는 것이 작업 효율을 높이면서 러프의 인상도 유지한 상태로 완성하는 최대의 요령입니다.

참조 Technique : 인식 그리기(p.188)

16 구름을 더 상세히 묘사한다.

터치로 구름의 정보량을 더 늘립니다. 주로 **31**과 **32**처럼 [스포이트] 도구로 색을 추출해 S─O에 브러시로 원을 그리듯이 터치를 넣습니다. **33**처럼 구름의 실루엣 가장자리 부분에는 **34**의 색으로 그림자의 인상이 강해지게 합니다. 반대로 **34**처럼 석양을 가장 많이 반사하는 부분에는 **32**의 색으로 브러시 크기를 줄여서 세밀한 터치를 넣습니다. 그러면 거대한 구름의 분위기를 연출할 수 있습니다. 이 부분도 역시 밑그림의 장점을 잃지 않도록 주의해야 합니다.

4

해 질 무렵의 귀갓길

17 근경을 묘사한다.

아스팔트는 밑그림에 생긴 터치 자국에 주름을 넣거나 불투명도를 높인 터치를 넣어서 단단한 질감을 묘사합니다. 추가로 아스팔트에 금을 그리면 농촌의 도로처럼 보입니다. 금에는 불규칙성이 필요한데, 의도적으로 투시안내선과 같은 방향의 금도 함께 그립니다. ㉟처럼 투시안내선과 같은 방향의 금으로 깊이를 표현할 수 있습니다.

풀은 T-Sakuyo 브러시로 최대한 그럴듯한 실루엣으로 보이게 그렸습니다 ㊱. 풀은 그렇게 중요하지 않아서 상세히 묘사하지 않고 밑그림에 생긴 음영의 색을 [스포이트] 도구로 추출해서 흐릿한 상태로 둡니다.

역시 중요한 것은 캐릭터와 하늘의 분위기입니다. 가장 중요한 요소가 제대로 전달되도록 모든 요소의 밀도를 높이기보다는 적절한 취사선택이 중요합니다.

18 시선을 유도하는 요소를 더한다.

하늘의 오른쪽 윗부분의 정보량이 부족해 허전한 느낌이 들어서 고층운을 추가해 정보량을 늘리겠습니다. 우선 **37** 부근의 색을 [스포이트] 도구로 추출해 S-Oil 브러시와 U-Cloud 브러시로 고층운의 실루엣을 그립니다. 실루엣이 어느 정도 완성되면 S-Air 브러시로 하늘의 색을 고층운의 왼쪽**38**에 흐릿하게 올립니다. 그러면 구름이 하늘에 녹아든 인상이 되고 반대로 오른쪽은 빛을 반사하는 것처럼 보입니다.

> **Point** 시선유도의 밸런스를 조절한다.

고층운을 추가했다면 **39**의 방향으로 너무 쏠린 그림 전체의 흐름을 비행기구름을 추가해 왼쪽에서 오른쪽의 흐름**40**을 강조해 밸런스를 잡았습니다.

19 글레어 효과와 화면 전체의 그림자를 그린다.

지금부터 마무리 작업에 들어갑니다. 사소한 부분이지만 완성도를 크게 좌우하는 무척 중요한 과정입니다. [더하기] 레이어를 새로 추가하고, 화면 오른쪽에서 들어오는 석양의 빛⑪을 상당히 큰 S-Air 브러시로 그립니다. 색의 채도가 너무 높으면 위화감이 생기므로 오렌지색을 중간색으로 사용하면 좋습니다. 글레어 효과(p.47)를 응용한 표현으로 리얼리티를 높일 뿐 아니라 부드러운 그라데이션이 더해져 색채의 매력도 커집니다.

이번에는 [곱하기] 레이어를 새로 추가하고 화면 왼쪽⑫에 S-Air 브러시로 부드럽게 그림자를 올립니다. 글레어 효과의 빛이 만드는 그림자입니다. 부드러운 음영으로 깊이와 통일감을 표현할 수 있습니다.

20 구름에서 하늘로 이어지는 그림자를 그린다.

석양을 반사하는 구름에서 하늘로 뻗어 나가는 그림자를 S-에 브러시로 그립니다⑭. 그림자는 손으로 그린 느낌을 표현하고 싶어서 [곱하기] 모드가 아니라 [표준] 모드 레이어를 사용했습니다. 색은 하늘의 어두운 부분⑭을 [스포이트] 도구로 추출해 오른쪽에서 왼쪽으로 가벼운 손놀림으로 그려 넣습니다. 구름의 그림자는 현실의 석양에서도 간혹 볼 수 있습니다. 이 효과를 넣으면 하늘에 정보량이 증가할 뿐만 아니라, ⑭의 흐름을 자연스럽게 표현할 수 있어서 공간이 좀 더 안정적이 됩니다.

> **Memo** 빛이 느껴지는 하늘의 효과
>
> 구름 사이의 공간 등에서 쏟아지는 광선을 부채살빛이라고 합니다. 천사의 사다리라고도 알려진 무척 아름다운 현상입니다. 20에서는 이해하기 쉽게 '구름에서 하늘로 뻗어 나가는 그림자'라고 했지만, 사실 이것은 그림자를 그려서 부채살빛을 표현한 것입니다. 그림자를 그리면 간접적으로 빛을 그린 것이라고 알아차립니다.

21 색조를 보정하고 완성한다.

일단 시간을 두고 다시 그림을 검토하고 전체가 푸르스름한 빛이 강해서 조금 추운 인상을 받았습니다. 그래서 청춘의 산뜻함이 느껴지는 장면에 어울리도록 [컬러 밸런스]로 하이라이트의 색을 빨간색에 가깝게 보정합니다⑯. 석양의 인상이 더 강해지고 드라마틱한 장면이 되었습니다. 끝으로 특히 눈에 띄는 캐릭터를 중심으로 거친 부분과 보강할 부분을 정리하고, 캐릭터를 좀 더 다듬어서 완성합니다.

박사가 사랑한 연구실

❶ 러프

❷ 러프 선화

❸ 투시안내선

❹ 캐릭터 묘사

❺ 배경 묘사

❻ 완성

2점 투시도법과 퍼스자를 사용해 실내 그리는 방법을 설명합니다. 멋진 식물학자
박사의 연구실이라는 이미지입니다. 세계 각지의 다양한 식물이 자라고, 현대지
만 살짝 판타지 분위기의 연구실을 목표로 했습니다.

 2508×3541px

 약 10시간

2점 투시도법 시작하기

2점 투시도법은 실내나 큰 건물을 그리고 싶을 때 특히 유용합니다. 소실점이 2개인 것을 이해하고 브러시 사용법을 알면 간단히 활용할 수 있습니다. 우선 기본부터 살펴보겠습니다.

 2점 투시도법이란?

2점 투시도법은 소실점(VP)이 2개 있습니다. 1점 투시도법에서 소실점이 하나 더 늘었을 뿐이며, 소실점이 2개라서 2점 투시도법이라고 부릅니다. ❶이 1점 투시도법, ❷가 2점 투시도법의 투시안내선입니다. 2점 투시도법은 소실점이 화면 밖에 있을 때가 많아서 원근법에 익숙하지 않은 사람은 그리기 어려운 느낌을 받을 수 있습니다. 하지만, 이 책의 특전으로 제공하는 U-Pers 브러시를 사용하면 간단하고 정확하게 그릴 수 있으니, 꼭 활용해보세요. U-Pers 브러시로 2점 투시도법을 그리는 방법은 p.112, p.138에서 설명합니다.

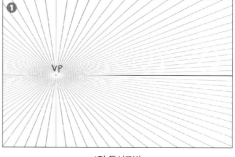

1점 투시도법

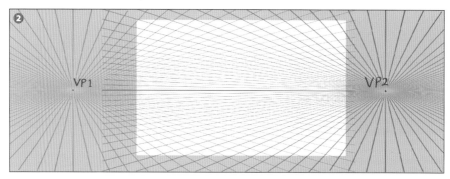

2점 투시도법

 2점 투시도법은 어떨 때 쓰는가?

2점 투시도법은 상자의 입체감과 위치 관계를 표현하기 쉬운 것이 특징입니다. ❸이 1점 투시도법, ❹가 2점 투시도법으로 그린 상자입니다. 단순화하면 실내는 상자 속, 건물은 큰 상자이므로, 주로 실내나 거리 등의 인공물이 많은 배경을 그릴 때 사용합니다.

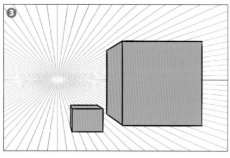

1점 투시도법

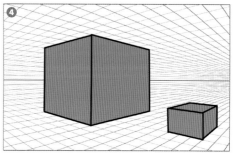

2점 투시도법

>> Point < **지금의 원근과 맞지 않게 사물을 배치한다.**

원근을 활용한 그림을 그리다 보면 **❺**처럼 다른 것과 각도가 다른 사물을 그릴 때는 어떻게 하면 좋을까라는 의문이 생깁니다. 결론부터 말하면 **❻**처럼 소실점을 추가하고 그립니다.

그러면 1점, 2점이라는 이름과 달라지지 않을까?라고 생각할지도 모르지만, 애초에 1점, 2점, 3점이라는 투시도법은 소실점의 수가 너무 많으면 복잡하기 때문에, 일정 수의 소실점을 가정한 것입니다. 아무리 소실점을 추가하더라도 전혀 문제없습니다. '1점 투시도법으로 그린 물체'와 '2점 투시도법으로 그린 물체', '3점 투시도법으로 그린 물체'가 하나의 그림에 함께 있어도 괜찮습니다. 단, 새로운 소실점**❻**은 다른 소실점과 마찬가지로 눈높이(EL)에 두지 않으면, 다른 물체와 같은 지면에 있는 것처럼 보이지 않습니다.

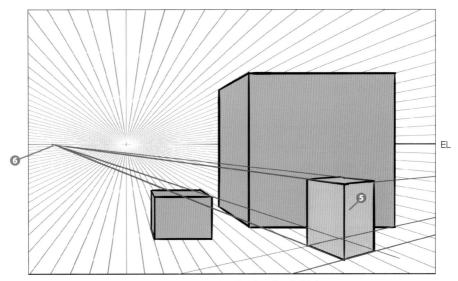

1점 투시도법 안에 다른 각도의 물체를 배치한다.

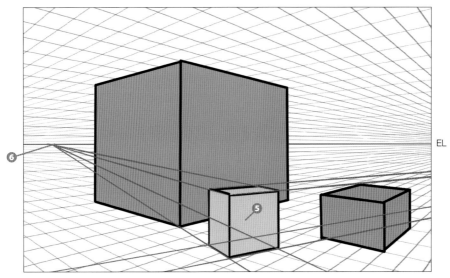

2점 투시도법 안에 다른 각도의 물체를 배치한다.

2점 투시도법으로 실내를 그린다.

2점 투시도법의 소실점은 화면 밖에 있을 때가 많아서 쉽게 그릴 수 없지만, U-Pers 브러시가 있으면 확대/축소만으로 화면 밖에 소실점이 있는 투시안내선을 간단히 그릴 수 있습니다.

01 요소의 형태를 그린다.

크기를 키운 S-O이 브러시로 방 안 소품의 형태를 잡습니다. 이번에는 문, 창문, 책상, 천장과 바닥의 이음새, 벽과 벽의 이음새를 그렸습니다. 가장 중요한 것이 천장과 바닥의 이음새❶입니다. 큰 브러시를 쓰는 이유는 아직 원근을 명확하게 설정하지 않기 위해서입니다. 익숙하지 않은 사람은 처음부터 세밀한 선으로 형태를 그리면, 원근이 틀어지는 일이 많습니다. 일단은 흐릿하게 '이런 느낌일까?', '여기에는 이런 것이 있겠지?' 하는 정도로 그립니다.

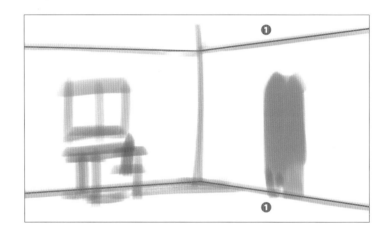

02 U-Pers 브러시로 화면 중앙을 클릭한다.

레이어를 추가하고 U-Pers 브러시로 화면 중앙 부근을 클릭하고 정사각형의 집중선❷를 그립니다. U-Pers 브러시의 초기설정의 크기는 1200px이므로 작은 캔버스에 그릴 때는 화면 안에 들어가도록 브러시 크기를 작게 줄여서 사용하세요.

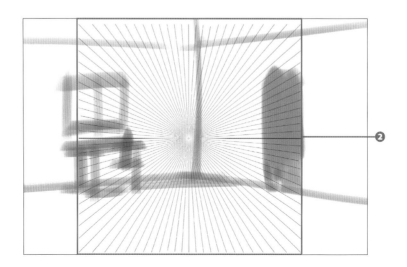

03 변형으로 늘인다.

❷를 변형([Ctrl]+[T])으로 왼쪽으로
늘입니다. 천장과 바닥 이음새의 각도
와 투시안내선의 각도❸이 어느 정도
일치하는 것이 중요한 포인트입니다.
❹의 위치에서 왼쪽으로 늘입니다. 보
통 실내 공간은 크게 늘여서 화면 밖
에 소실점을 배치할 때가 많습니다. 위
치가 정해지면 [Enter]를 눌러서 확정
합니다. 이것으로 첫 번째 소실점의 투
시안내선을 그렸습니다.

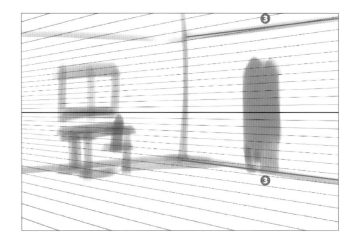

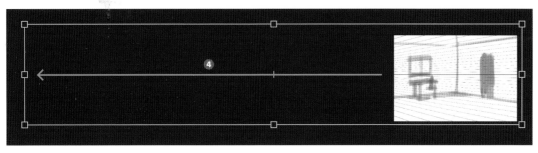

04 레이어를 복제하고 늘인다.

03에서 그린 투시안내선을 복제하고
오른쪽으로 옮깁니다. 간단하게 변형
([Ctrl]+[T])으로 위치만 옮기면 됩니
다❺. 눈높이를 나타내는 굵은 선❻
이 일직선이 되도록 합니다. 어긋나게
되면 눈높이도 어긋납니다. 첫 번째
소실점과 마찬가지로 천정과 바닥 이
음새의 각도와 투시안내선의 각도❼
이 대강 일치하면 OK입니다. 이것으
로 2점 투시도법의 투시안내선은 완
성입니다.

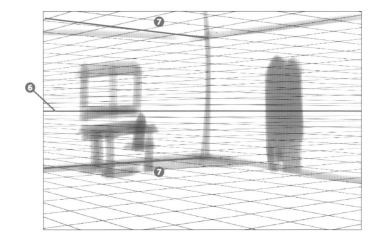

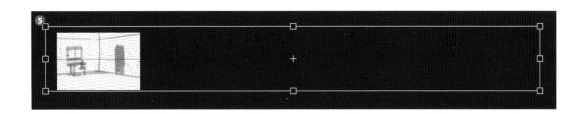

박사가 사랑한 연구실

113

퍼스자로 실내를 그린다.

퍼스자를 사용해 2점 투시도법의 실내를 그려보겠습니다. 퍼스자는 원근에 알맞은 직선을 프리핸드로 그릴 수 있어서 실내를 효율적으로 그릴 수 있습니다.

01 투시안내선을 그린다.

U-Pers 브러시로 투시안내선을 작성하는 것부터 시작합니다. 이번에는 'Perspective : 2점 투시도법으로 실내를 그린다 (p.112).'로 그린 투시안내선을 그대로 사용합니다①. 기본적으로 이 책에서는 퍼스자를 투시안내선과 함께 사용하는 방법을 추천합니다.

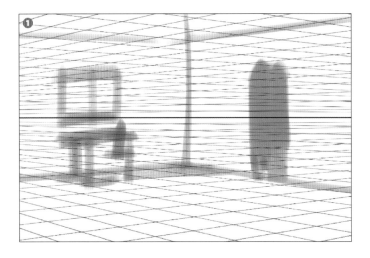

02 왼쪽 투시안내선에 퍼스자를 적용한다.

신규 레이어를 작성하고 퍼스자를 선택한 다음, 투시안내선을 소실점 방향으로 덧그리듯이 자를 배치합니다. 위쪽 안내선 ②를 먼저 따라 그리고, 아래쪽 안내선③을 그립니다. 구분하기 쉽도록 오른쪽 투시안내선은 비표시로 설정했습니다. 퍼스자의 세밀한 조작은 'Perspective : 퍼스자 사용법(p.92)'를 참고하세요.

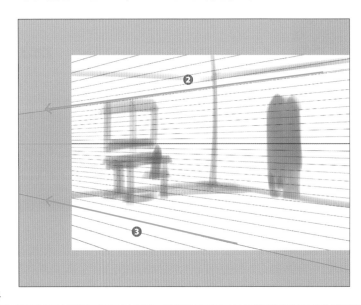

03 오른쪽 투시안내선에 퍼스자를 적용한다.

02와 같은 레이어에 동일한 방식으로 이번에는 오른쪽 투시안내선에 퍼스자를 적용합니다. 두 번째 소실점 방향으로 덧그려서 퍼스자를 설정합니다④⑤. 이것으로 2점 투시도법의 퍼스자를 완성했습니다. 퍼스자를 실제로 사용해 실내의 형태를 확실하게 그립니다.

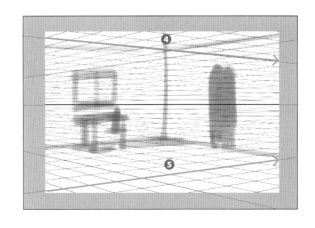

04 한쪽 벽과 문을 그린다.

한쪽 벽을 S-에 브러시로 그립니다. ④처럼 투시안내선을 덧그리듯이 브러시를 움직이면 퍼스자가 자동으로 보정해, 원근에 알맞은 직선을 정확하게 그릴 수 있습니다.

▶Point◀ **문으로 규모를 정한다.**

실내를 그릴 때는 문의 크기가 포인트입니다. 문은 사람이 출입하는 곳으로 규모를 쉽게 표현할 수 있기 때문입니다. 우선은 문과 문이 있는 벽을 그리고, 문을 기준으로 크기의 밸런스를 확인하면서 다른 요소를 그리면 위화감이 생기지 않습니다.

05 창문과 책상을 그린다.

보통 창문의 윗변은 문의 높이와 같아서 문 위에서 ⑤처럼 보조선을 긋습니다. 벽을 따라서 보조선을 그으면 정확한 높이에 창문을 배치할 수 있습니다. 윗변이 정해지면 이후는 형태에 알맞게 창문을 그리고, 창의 크기를 기준으로 책상을 그릴 수 있습니다.

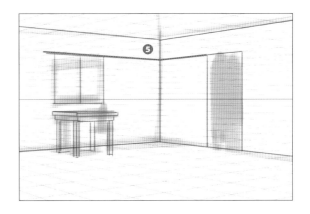

06 세세한 포인트를 그린다.

정확한 크기로 그렸다면 이제 세세한 포인트를 잡아서 리얼리티를 더합니다. 리얼리티를 더하는 사소하지만 중요한 포인트가 바닥, 벽, 천정의 이음새⑥입니다. 벽과 바닥의 이음새에는 대부분 걸레받이를 붙이거나 약간 들어간 형태입니다. 천장과 벽의 이음새에도 대부분 고무나 목재로 된 천장 몰딩을 붙입니다. 이런 세세한 포인트도 자료를 참고해 확실하게 그리면 좋습니다.

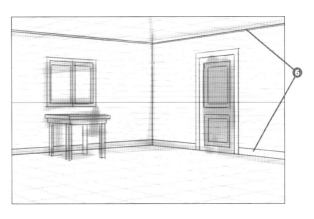

메이킹

01 | 띠지의 위치를 확인한다.

이번 일러스트는 이 책의 표지 후보입니다. 표지 일러스트
는 띠지의 유무와 위치가 중요합니다. 띠지가 없을 때도 있
고, 크기도 서적에 따라서 다양한데, 이번 시리즈의 전작인
'판타지 배경 일러스트 교실'을 참고해, 띠지의 위치를 확인
합니다❶. 띠지가 있는 상태에서도 보기 좋은 그림을 목표
로 합니다.

> **Memo** 매체를 항상 확인한다.
> 일러스트를 어떤 매체로 보는지 항상 생각하면서 그리는 것
> 이 중요합니다. 서적의 표지라면 띠지나 인쇄된 상태에서 가
> 장 보기 좋은 구도를 생각하고, 인쇄해서 직접 확인하는 것
> 이 좋습니다. 스마트폰 게임 일러스트라면 작은 화면에 적합
> 한 구도를 생각하고, 실제로 스마트폰 화면에서 확인합니다.

02 | 회색 러프를 그린다.

S-O에 브러시로 러프를 회색으로 그립니다❷. 실내를 그릴
때는 구석에서 시작되는 3개의 직선(A, B, C)이 원근의 기
점이므로 반드시 확인합니다❸. Shift 를 누른 채로 펜을
움직이면 정확한 직선을 그을 수 있습니다. 3개의 직선은
러프 단계에서도 Shift 를 누른 채로 정확하게 긋는 것이
좋습니다.

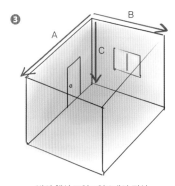

방의 핵심 포인트인 3개의 직선

> **Point** 명암으로 시선을 유도한다.

방의 기점이 정해지면 캐릭터를 어디에 배치할지, 광원의 위치는 어디인지, 화면의 어디가 어둡고, 어디가 밝은지를 생각합
니다. 사람의 시선은 자연히 밝은 쪽으로 유도되므로, 이번에는 화면 중앙을 밝게 하고, 메인인 인물을 배치한 뒤에 위아래
를 어둡게 합니다. 특히 아래는 띠지에 가려지므로 가장 어둡게 했습니다. 어두우면 묘사할 필요가 없어서 효율적입니다.

03 캐릭터의 선화 러프를 그린다.

레이어를 추가하고, 크기를 줄인 S−에 브러시로 캐릭터의 선화 러프를 그립니다. 나중에 수정할 예정이므로 캐릭터의 밸런스처럼 상세한 부분은 무시합니다. 그리는 스타일에 따라 차이가 있지만, 처음부터 너무 완벽을 목표로 하면 나중에 수정 작업이 힘들어지므로, 적당히 알아볼 수 있을 정도로만 그리는 편이 좋습니다.

박사의 양복은 복고풍의 셔츠와 조끼로 신사, 귀족처럼 보이게 그렸습니다④. 멋진 아저씨가 부럽습니다. 소녀는 대학생이며, 박사의 조수라는 이미지입니다. 식물을 돌보는 일을 하므로 앞치마를 입었습니다⑤.

▶▶Point◀ **선화 러프로 디자인을 정한다.**

선화 러프를 그리는 이유는 캐릭터 디자인, 어떤 옷을 입힐지, 어떤 표정이 좋을지 등을 정하기 쉽기 때문입니다. 유화 채색하듯이 포즈와 디자인, 입체감을 함께 러프로 그리는 방식은 익숙해지는 데 시간이 필요합니다. 간단한 선화 러프를 그리면, 포즈와 디자인은 선화, 유화 채색으로 입체감을 표현하는 식이므로, 동시에 생각해야 할 요소가 줄어들면 실패할 확률이 낮습니다.

04 빛과 그림자를 채색한다.

[오버레이] 모드 레이어를 새로 작성하고, S-어 브러시로 빛의 색부터 채색합니다⑥. 멋진 노신사가 있는 연구실이므로, 차분하고 온화한 인상으로 표현하고 싶어서, 채도가 낮은 분홍색으로 빛을 칠했습니다. 캐릭터의 방처럼 개인적인 공간을 그릴 때는 소품은 물론, 방의 광원을 캐릭터의 이미지와 어울리는 색을 사용하면 설득력이 생깁니다.

빛 다음은 S-어 브러시로 그림자를 채색합니다⑦. 바닥과 벽은 파란색, 식물의 그림자는 녹색입니다. 추가로 캐릭터도 가볍게 색을 올렸는데, 고유색을 크게 의식하지 않았습니다. 전체의 빛과 그림자의 색감을 최우선으로 생각합니다.

Point 빛이 들어오는 방향으로 칠한다.

⑧은 채색한 [오버레이] 모드 레이어를 [표준] 모드로 변경한 것입니다. 햇살의 방향과 브러시의 움직임이 일치하면 브러시 터치를 활용하면서 빛이 느껴지는 그림을 만들 수 있습니다.

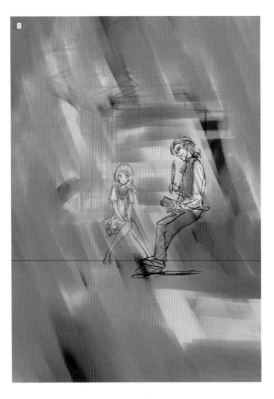

05 | 2점 투시도법으로 투시안내선을 그린다.

U-Pers 브러시로 투시안내선을 그립니다. 이번에는 2점 투시도법을 사용하므로 U-Pers 브러시를 2회 사용합니다. 우선 첫 번째 소실점의 투시안내선을 그립니다. U-Pers 브러시 선택하고, 화면 중앙을 클릭해 투시안내선을 그립니다. 변형(Ctrl+T)으로 화면 전체에 가득 차게 늘입니다❾. 늘일 때는 투시안내선과 방의 직선 부분❿이 겹치도록 합니다. 그러면 러프에 적합한 투시안내선을 정확하게 그릴 수 있습니다.

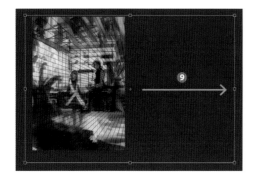

다음은 두 번째 투시안내선입니다. 첫 번째 투시안내선 레이어를 복제하고, 오른쪽으로 길게 늘입니다⓫. 방의 직선 부분⓬와 겹쳐질 때까지 늘이면 OK입니다. 이것으로 2점 투시도법의 투시안내선을 완성했습니다.

> **참조** Perspective : 2점 투시도법으로 실내를 그린다 (p.112).

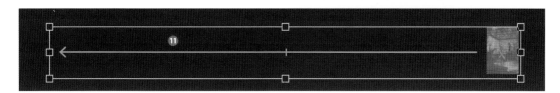

06 | 퍼스자를 사용한다.

레이어를 추가하고 퍼스자를 설정합니다. 우선 첫 번째 소실점에 퍼스자를 긋습니다. **⑬**과 **⑭**처럼 적당한 위치에서 투시안내선과 일치하도록 소실점 방향으로 덧그리면 됩니다. 마찬가지로 같은 레이어에서 투시안내선과 일치하도록 두 번째 소실점 방향으로 자를 긋습니다 **⑮⑯**. 2점 투시도법의 퍼스자를 배치하면 **⑰**처럼 됩니다. 이 그림은 안쪽의 선반과 큰 창문 등. 정확한 원근을 적용한 요소가 많아서 배치한 퍼스자를 활용해야 합니다.

참조 Perspective : 퍼스자로 실내를 그린다(p.114).

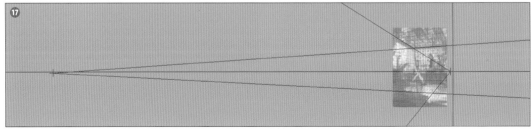

07 레이어를 분할한다.

[올가미 선택] 도구로 ⑱처럼 대강 앞쪽의 화분과 인물 등을 선택하고, 복사([Ctrl]+[C])한 뒤에 신규 레이어에 붙여넣으면([Ctrl]+[V]) 간단히 나눌 수 있습니다. [올가미 선택] 도구로 대강 구분한 레이어는 나중에 E-S-에 브러시 같은 지우개 브러시로 지우면서 정리합니다⑲. 이번 단계에서는 '앞쪽의 화분', '인물', '테이블', '선반을 포함한 방의 배경'을 레이어로 구분했습니다.

▶ Point **투시안내선으로 바닥의 마루를 그린다.**

[올가미 선택] 도구로 플로링(바닥 부분)의 투시안내선⑳을 선택 범위로 지정한 뒤에 복사([Ctrl]+[C])하고 같은 위치에 붙여넣으면([Ctrl]+[V]), 그대로 바닥의 선이 됩니다. 이 방법은 간단하지만 서양풍의 실내 공간을 그릴 때 유용합니다.

Memo **처음부터 레이어로 나누지 않는 장점**

처음부터 레이어를 나눠서 그리는 방법도 자주 씁니다. 이후로 잘라내는 과정이 필요하지 않지만, 전체의 이미지와 레이어의 구조를 동시에 생각하면서 그리는 것은 부담이 큽니다. 일단은 레이어를 무시하고 이미지를 잡는 방법을 추천합니다. 나중에 잘라내는 방식이 좀 더 수월하게 작업을 진행되는 것 같습니다.

08 박사를 묘사한다.

S-Oil 브러시, S-Sakuyo 브러시, G-S-Oil 브러시로 박사를 묘사합니다 ㉑. S-Oil 브러시는 주로 얼굴과 머리카락 등을 그릴 때 사용합니다. 질감이 매끄러워서 조용하고 차분한 인상이 됩니다. S-Sakuyo 브러시는 선명하고 강약이 있는 터치를 넣을 수 있어서, [불투명도 : 60% 정도]로 설정하고 사용합니다. 옷 주름의 방향을 생각하면서 여러 번 터치를 덧칠하고, 겹친 부분을 G-S-Oil 브러시로 흐릿하게 다듬는 과정을 반복해 옷의 주름을 표현합니다.

수첩에 메모하면서 슬쩍 이쪽을 쳐다보는 모습입니다. 멋진 노신사이므로 등을 곧게 편 좋은 자세로 그렸습니다.

09 소녀를 묘사한다.

마찬가지로 S-Oil 브러시와 S-Sakuyo 브러시를 사용해 소녀도 묘사합니다. 고양이를 쓰다듬는 모습인데 너무 정면의 카메라를 의식하는 듯해, 얼굴을 고양이 쪽으로 돌리고 눈만 이쪽을 보게 수정했습니다 ㉒. 몸 전체의 움직임이 느껴져 더 자연스럽습니다.

▶Point 얼굴에 각도를 더한다.

고양이를 쓰다듬고 고개를 기울인 것처럼 움직임이 있는 포즈를 잡으면 그림 속의 스토리를 전달하기 쉽고, 무엇보다 전신의 포스가 자연스러워집니다. 또한, 소녀가 고개를 기울인 동작은 귀여움을 표현할 때 간단하게 활용할 수 있는 포즈입니다.

 →

10 원근에 맞춰서 직선을 긋는다.

퍼스자는 다른 레이어로 옮길 수 있습니다. **05**에서 설정한 퍼스자 아이콘㉓을 퍼스자를 사용하고 싶은 레이어로 드래그만 하면 됩니다. 이제 레이어가 달라져도 정확한 직선을 그을 수 있습니다.

퍼스자를 사용한 상태로 브러시를 움직이면 프리핸드로도 간단하게 정확한 직선을 그릴 수 있습니다. 퍼스자를 사용하면서 p.116에서 설명한 방에 있는 3개의 직선(A, B, C)과 창틀㉔, 천정과 기둥㉕, 계단㉖ 등을 차례로 그립니다. 이런 또렷한 직선이 들어가면 한층 리얼리티가 강해집니다.

11 구석을 어둡게 한다.

S-Air 브러시로 구석이 어두워지게 짙은 파란색을 칠합니다㉗.

▶Point◀ 방은 구석을 어둡게 한다.

방은 닫힌 공간이므로 구석으로 갈수록 빛이 닿지 않아 어두워지는 특성이 있습니다㉘. 따라서 방의 구석, 벽과 벽의 이음새 등을 어둡게 하면 입체감이 있는 방을 그릴 수 있습니다.

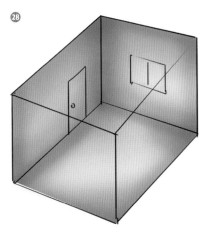

방은 구석을 어둡게 한다.

12 소품을 추가한다.

조명, 테이블, 실험기구, 식물, 투명한 칠판 등 연구실에 어울리는 소품을 추가합니다. 기본적으로 S-에 브러시를 메인으로 사용해 실루엣부터 그립니다. 칠판과 책상의 직선 ㉙㉚은 원근을 기준으로 선명한 선을 그으면 사실적으로 보이므로, **05**에서 설정한 퍼스자를 사용해서 그립니다. 흐릿한 방과 선명한 직선의 강약을 만드는 것이 중요합니다.

참조 Technique : 소품을 그리는 법(p.134)

>**Point** **사물이 많은 방은 그리기 쉽다.**

사실 물건이 많은 방이 더 사실적입니다. 정보량이 있으면 미묘한 형태의 오류도 숨겨주고, 생활감이나 분위기를 만들어주기 때문입니다. 방에 물건을 추가할 때는 특히 구석에 두고 벽과 바닥의 이음새를 가리는 것이 리얼리티를 높이는 포인트입니다. 예를 들면, ㉛ 부분에는 화분을 그리면 구석을 드러내지 않게 가릴 수 있습니다.

13 선반을 묘사한다.

선반을 묘사합니다. 유리로 만든 선반 내부는 수경 재배를 하는 공간입니다. 유리 너머이므로 식물의 모습이나 배관 등의 세밀한 질감은 묘사할 필요가 없습니다. 묘사 포인트는 빛의 반사하는 유리의 하이라이트와 실루엣❸입니다. 유리 부분은 흐릿하게, 틀❸을 선명하게 하면 강약이 더해져 멋과 리얼리티가 강해집니다.

▶Point◀ 그림자에도 퍼스자를 사용한다.

틀에는 그림자를 그려서 입체감을 더했습니다. 작게 줄일 S-에 브러시로 짙은 검정을 사용해 선명하게 그립니다. 그림자도 퍼스자를 사용하면 편하게 그릴 수 있습니다.

14 캐릭터를 묘사한다.

캐릭터를 상세하게 묘사하고 완성합니다❸❹. 박사의 몸통이 소녀보다 너무 긴듯해서 수정했습니다. 화면에 여러 캐릭터가 있을 때는 캐릭터를 서로 비교하면 위화감 없이 같은 공간에 배치할 수 있습니다.

> **Point 화면에서 떨어져서 확인한다.**

어느 정도 작업을 진행한 다음, 꼭 멀리 떨어져서 그림 전체를 확인해야 합니다. 그림을 축소하고 실루엣을 보는 것도 중요하지만, 물리적으로 떨어져서 보면 다른 문제점도 발견하게 됩니다. 이번에는 소녀의 색감에 강약이 있었으면 해서, 검은색 머리띠를 추가했습니다.

15 바닥을 묘사한다.

퍼스자를 사용해 바닥을 묘사합니다. 우선 T-Chalk 브러시와 S-Oil 브러시로 거친 질감을 더했습니다. 이 정보량이 밑그림 역할을 합니다. 이때는 원근을 따라서 브러시를 움직이는 것이 아니라, ❸❺처럼 수직 방향으로 브러시를 움직이는 것이 포인트입니다. 바닥의 반사를 표현하는 터치입니다. 마룻바닥은 수직 방향의 반사를 나타내는 터치가 핵심이며, 오히려 바닥 자체의 질감은 그다지 중요하지 않습니다.

반사를 그린 뒤에 **05**에서 설정한 퍼스자를 사용해 원근을 따라서 터치❸❻을 가볍게 넣습니다. 플로링(바닥)의 나뭇결입니다. 이 단계에서 바닥은 중요한 부분이 아니므로, 나뭇결처럼 보이는 정도면 충분합니다. 나중에 퍼스자를 사용해 바닥의 이음새❸❼를 부드럽게 다듬듯이 그리면 완성입니다.

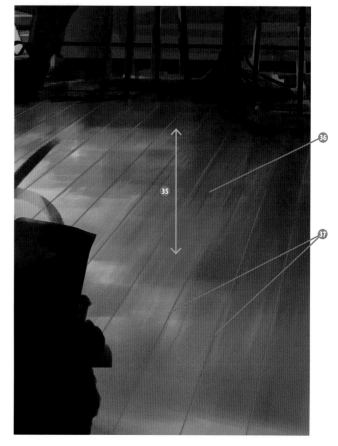

16 소녀의 존재감을 높인다.

소녀가 배경과 살짝 묻힌 느낌이 들어서 발
밑에 그림자를 강하게 넣고, 등 뒤가 밝아지
게 했습니다❸❽. 이제 그림을 멀리서 보아도
캐릭터도 돋보입니다.

> **Point** 밝기의 차이를 이용한다.

밝은 부분과 어두운 부분을 일부로 겹치도
록 명암을 조절하면 강조하고 싶은 사물이
돋보이게 할 수 있습니다. 반대로 조화롭게
표현하고 싶은 부분은 밝기 차이를 최대한
줄입니다. 명암의 차이를 활용한 테크닉은
이 책의 모든 장면에서 이용했습니다.

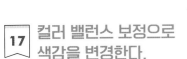

> **Memo** 캐릭터와 배경의 이상적인 관계
>
> 배경과 캐릭터는 위화감 없는 조화가 중요
> 하지만, 배경이 너무 강해서 캐릭터의 이미
> 지가 약해지면 의미가 없습니다. 배경은 캐
> 릭터를 돋보이게 하고, 캐릭터도 배경을 돋
> 보이게 하는 상태가 이상적입니다.

17 컬러 밸런스 보정으로 색감을 변경한다.

[레이어] 메뉴에서 [신규 색조 보정 레이어]
→[컬러 밸런스]로 색감을 보정합니다. 이번
에는 전체의 색감이 녹색에 가까워서, 하이
라이트의 레드를 높이고, 러프에서 사용한
차분한 분홍색과 비슷해지도록 설정했습니
다❸❾. 녹색의 온화하고 세련된 분위기를 되
찾았습니다❹⓿.

18 | 화분을 추가한다.

이 그림은 표지 후보에서 탈락해서 띠지를 가정하고 비워두었던 공간을 채웁니다. 화분을 추가했습니다.

> **Point** **소품을 그리는 공통적인 방법**

소품은 아래의 4단계로 그리는 방법을 추천합니다.

1. 실루엣을 그린다.

S–Oil 브러시로 소품을 두고 싶은 위치에 실루엣을 그립니다❹.

2. 그림자를 그린다.

S–Air 브러시로 소품 주위를 살짝 어둡게 합니다❹. 물건을 두면 주위의 빛을 차단하기 때문입니다.

3. 빛이 닿는 부분을 그린다.

S–Oil, T–Sakuyo, T–Chalk 브러시 등으로 빛이 닿는 부분을 그립니다❹. **빛의 방향과 터치의 방향을 일치시키는 것이 포인트입니다.**

4. 특징을 그린다.

소품을 각각의 특징을 표현합니다. 질감을 표현하라는 의미가 아니라, 식물이라면 겹쳐진 잎, 실로 뜬 화분 커버의 그물 문양, 유리라면 반사 등. **소품을 멀리서 보았을 때 드러나는 특징을 그린다는 의미입니다**❹.

19 근경의 식물을 그린다.

근경의 식물을 그립니다 . 식물 그리는 방법은 p.44, p.132와 같습니다. 식물은 그림 전체를 보았을 때 잎의 실루엣을 인상에 남기는 역할을 합니다. 따라서 가장 중요한 것은 식물다운 실루엣이지 질감이 아닙니다. 사람의 눈은 어두운 공간에서 바로 질감 등을 파악할 수 없습니다. 따라서 근경이라고 해서 어두운 부분까지 지나치게 묘사를 하면 리얼리티가 사라져 버립니다. 이런 부분은 묘사를 최소화하는 편이 좋습니다.

> **Memo 질감은 중요하지 않다.**
>
> 사물을 그릴 때는 아무래도 질감 표현을 의식할 수밖에 없지만, 사실 배경에 있어서 질감은 그렇게 중요하지 않습니다. 사물은 약간 떨어져서 보면 질감은 보이지 않기 때문입니다. 배경에 있는 사물은 대부분 멀리 떨어져 있으므로, 질감은 거의 인식할 수 없습니다. 질감보다 중요한 것은 하이라이트, 반사와 그림자 등의 빛과 관련된 묘사입니다.

20 밝기를 조절하고 완성한다.

다시 멀리서 보니 약간 전체가 어두운 느낌이었습니다. ⑩의 포인트를 중점적으로 밝아지게 합니다. 캐릭터, 근경의 식물 실루엣이 드러나도록 빛을 넣은 부분이 중요한 포인트입니다. 강조하고 싶은 부분이 눈에 잘 띄도록 밝게 하는 것이 중요합니다. 밝기를 조절했다면 세부를 다듬고 전체에 최종적으로 터치를 넣어서 완성합니다.

초원 그리는 법

잎이 겨우 보일 정도의 근~중경의 초원 그리는 방법을 소개합니다. 마름모를 의식하면서 여러 개의 브러시를 사용하면 손쉽게 그릴 수 있습니다.

[01] 회색으로 농도를 조절한다.

신규 레이어를 작성한 다음, S-에 브러시의 [불투명도 : 60% 정도]로 설정하고 어두운 회색으로 칠했습니다. 브러시는 ❶처럼 지그재그로 움직입니다. 브러시 터치가 겹친 부분은 어두워지므로, 진한 부분과 연한 부분이 불규칙하게 나타나도록 의식하면서 칠합니다.

[02] 마름모를 이미지로 그린다.

익숙하시 않는 사람은 베이스 위에 레이어를 추가하고 마름모를 그려보면 좋습니다. 마름모는 형태가 명확하지 않은 자연물은 평면의 입체감을 파악하는 데 효과적입니다. 단계별로 진행하다가 고민될 때는 지금 그린 마름모를 표시하면 입체감을 파악할 수 있습니다. 익숙해지면 굳이 그릴 필요는 없습니다. 또한, 정확한 형태의 마름모는 오히려 위화감이 생기므로, 대강 그리는 편이 좋습니다.

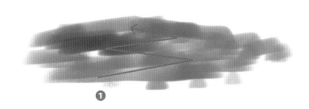

> **Point** 지그재그로 마름모를 만든다.

01에서 브러시를 지그재그로 움직인 이유는 마름모의 의식한 것입니다. 하나의 마름모 안에는 밝은 부분❷와 어두운 부분❸이 생깁니다. 지그재그로 브러시를 움직이면 명암을 자연스럽게 나타납니다.

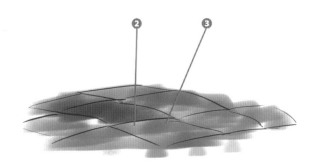

[03] [오버레이] 레이어로 채색한다.

[오버레이] 모드 레이어를 새로 추가하고 밝은색 ❹와 어두운색❺으로 칠했습니다. 처음부터 색을 칠하기보다 회색으로 그린 뒤에 채색하는 편이 채도의 밸런스를 잡기 쉽습니다.

광원을 오른쪽 위에 설정했으므로 빛의 흐름을 그린다는 느낌으로 브러시는 ❻의 방향으로 움직입니다. 진한 회색인 부분에는 살짝 ❺의 색을 칠했는데, 엄밀하게 구분하면 오히려 어색해지기 때문에 약한 필압으로 얼룩을 만들면서 진행했습니다.

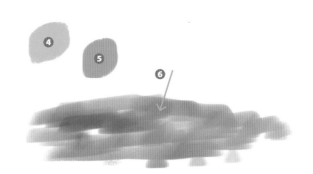

[04] 풀의 터치를 더한다.

신규 레이어를 작성하고, T-Line 브러시로 긴 풀처럼 보이는 터치를 넣습니다. T-Line 브러시는 1회의 터치로 여러 개의 거친 선을 그릴 수 있어서 초원처럼 많은 풀을 그릴 때 무척 편리합니다. 특히 명암의 경계, 실루엣을 쉽게 구분할 수 있는 부분❼을 특히 의식하면서 터치를 넣어야 합니다.

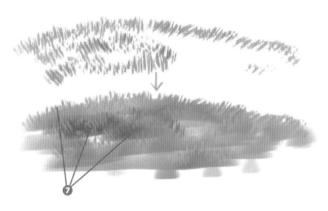

[05] 정보량을 줄인다.

S-Sakuyo 브러시로 터치를 좀 더 넣고, T-Line 브러시로 너무 많은 정보량을 줄입니다. 정보량을 조절하면 자연스럽게 그림의 밸런스가 잡힙니다. 이 터치를 넣으면 지금까지 흐릿했던 부분이 또렷해지고, 풀의 입체감이 생깁니다. ❽처럼 색의 명암 차이가 큰 부분은 그대로 두고, 주위를 감싸듯이 터치를 넣습니다.

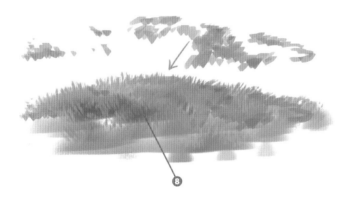

[06] 줄인 정보량을 다시 늘린다.

마무리로 S-Sakuyo, T-Sakuyo 브러시로 정보량을 약간 추가합니다. 보통 가늘고 긴 풀의 터치뿐만 아니라, ❾처럼 형태가 다른 풀도 그려 넣습니다. 다양한 형태의 잎이 보이면 리얼리티가 생깁니다.

나무 그리는 법

잎이 풍성한 활엽수 그리는 법을 설명합니다. 다양한 종류의 나무를 그릴 때 응용할 수 있습니다.

[01] 잎의 덩어리를 그린다.

신규 레이어를 작성한 뒤에, S-Oil 브러시의 [불투명도 : 70% 정도]로 설정하고 잎의 덩어리를 그립니다. 색은 'Technique : 초원 그리는 법(p.130)'처럼 어두운 회색을 추천합니다. 처음에는 잎을 한 장씩 의식하지 않고, S-Oil 브러시로 짧은 터치를 덧칠하면서 잎의 형태를 잡아나갑니다❶.

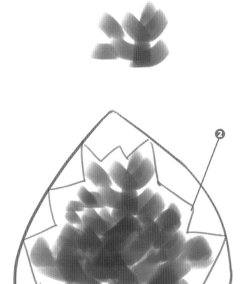

❶ ← 잎의 덩어리

[02] 나무의 실루엣을 만든다.

짧은 터치를 덧칠해 나무의 실루엣을 그립니다. 나무는 종류에 따라서 형태가 달라지니, 특정 종류의 나무를 그릴 때는 실물을 참고하면 좋습니다. 특히 종류를 정하지 않은 나무가 필요할 때는 전체의 실루엣을 물방울 형태로 잡고, 세밀한 실루엣은 물방울 속에 파란색 선❷처럼 뾰족뾰족한 형태를 의식하면서 그립니다.

처음에는 뾰족뾰족한 실루엣의 리듬감과 불규칙한 느낌을 모두 표현하기 어렵지만, 익숙해지면 빠르게 그릴 수 있습니다.

[03] 줄기를 그린다.

S-Oil 브러시로 잎과 마찬가지로 회색을 사용해 줄기와 지면의 그림자를 그립니다❸. 지면의 그림자를 함께 그리면 나무의 입체감을 간단히 표현할 수 있습니다.

본래 가지는 끝으로 갈수록 가늘어지지만, 나중에 수정할 수 있으니 정확한 형태에 얽매이지 않아도 괜찮습니다. 이 단계에서는 나무 전체의 실루엣을 보고, 한눈에 나무라고 알아볼 수 있게 그리는 것이 중요합니다.

❸

[04] [오버레이] 레이어에 채색을 한다.

[오버레이] 모드 레이어를 작성하고 채색합니다. 밝은 부분의 색은 ④, 그림자 색은 ⑤를 사용합니다. 색은 'Technique : 초원 그리는 법(p.130)'의 **05**와 거의 같습니다. 광원을 오른쪽 위에 설정했으므로, 오른쪽 위에서 왼쪽 아래 ⑥으로 향하는 터치로 채색합니다. 빛의 방향과 터치의 방향이 일치하는 것이 중요합니다. 실제 배경에서는 태양의 위치를 참고해야 합니다.

라인⑦을 기준으로 왼쪽은 그림자 색으로 칠했습니다. 세밀한 부분은 생략하고 나무 전체의 입체감을 보면서 큰 그림자를 넣습니다.

[05] 작은 잎을 그린다.

레이어를 추가하고 T-Sakuyo 브러시로 작은 잎을 그립니다⑧. 베이스의 실루엣이 완성되었다면 그 위에 가볍게 터치를 넣어 작게 나누기만 하면 OK입니다. 작은 터치의 요령은 p.60과 p.65를 참고하세요.

[06] 줄기를 다듬고 잎을 추가한다.

⑨의 색을 [스포이트] 도구로 추출해, T-Sakuyo 브러시로 줄기를 ⑩처럼 그려 넣고 형태를 다듬습니다. 새로운 줄기를 그리기보다 정보량도 많고, 잎이 밀집된 상태를 표현할 수 있습니다. 가지가 부족한 부분은 새로 그려 넣어도 좋습니다. 가지가 괜찮은 느낌으로 들어갔다면 ⑪처럼 나무의 그림자 부분에 잎을 그려 넣으면 완성입니다.

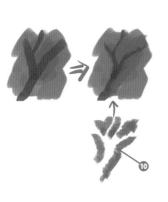

소품 그리는 법

실내의 소품은 대부분 'Point : 소품을 그리는 공통적인 방법 (p.128)'으로 그릴 수 있습니다. 실제로 다양한 소품을 그려보겠습니다.

● 화분

1. 실루엣

전부 S-Oil 브러시를 사용하겠지만, 식물 부분은 S-Sakuyo 브러시로 예쁘게 그려도 좋다.

2. 그림자

S-Air 브러시도 좋지만, S-Oil 브러시로 넣은 터치를 G-S-Oil 브러시로 흐릿하게 다듬는 방법도 추천.

3. 빛

신규 레이어의 [투명 픽셀 잠금]을 설정한 뒤에 왼쪽 위의 광원을 의식하면서 빛이 닿는 부분의 흐름을 그린다. 식물이므로 황록색을 선택한다.

4. 특징

화분의 특징은 화분 둘레의 원형 그림자이므로 확실하게 어둡게 넣고, 잎의 실루엣을 다듬는다.

● 유채꽃

1. 실루엣

일부로 얼룩을 만들면서 칠해, 흐릿한 명암을 만든다.

2. 그림자

신경 쓰이는 부분의 형태를 조금 정리하고, S-Oil 브러시로 넣은 명암의 터치로 그림자를 그린다.

3. 빛

신규 레이어의 [투명 픽셀 잠금]을 설정한 뒤에 빛을 그린다. 색은 불빛을 이미지로 따뜻한 노란색. 왼쪽 위에 설정한 광원과 램프 자체의 불빛을 모두 생각해야 한다.

4. 특징

램프의 재질은 금속이므로, 금속의 특징을 표현하는 것이 중요. 금속은 선명한 광택과 매끄러운 그림자가 큰 특징이므로, 램프의 굴곡에 S-Sakuyo 브러시로 또렷한 그림자를 넣으면 OK. S-Air 브러시로 램프의 빛과 바닥의 빛을 그리면 완성이다.

● 플라스크

1. 실루엣

유리는 실루엣을 S-Oil 브러시로 윤곽선만 그리면 OK.

2. 그림자

S-Air 브러시와 S-Oil 브러시로 그림자를 그린다. 유리는 투명이므로 그림자는 약간 연하게 그리면 좋다.

3. 빛

유리는 반사율이 높고 하이라이트가 완전히 흰색이 되므로, 아직 그리지 않는다. 노르스름한 난색으로 빛이 닿은 부분에 그라데이션을 만든다.

4. 특징

유리는 가장자리 가까이에 가는 그림자와 하이라이트가 집중되는 것이 특징이므로, G-Finger 브러시로 윤곽을 흐릿하게 다듬고, E-S-Oil 브러시로 깔끔하게 지우면 유리의 질감을 묘사할 수 있습니다. 왼쪽에 흰색 하이라이트를 그리면 완성이다.

● 의자

1. 실루엣

S-Oil 브러시로 실루엣을 그린다. 의자처럼 개성이 강한 형태의 소품은 실루엣으로도 알아볼 수 있도록 그리는 것이 가장 중요하다.

2. 그림자

S-Oil 브러시로 의자 다리 아래에 그림자를 그린다. 의자의 그림자는 다리의 그림자와 비슷한 정도로 어둡게 넣으면 입체감이 생긴다.

3. 빛

직선이 많은 소품은 빛의 방향이 아니라, 빛이 닿는 평면의 방향을 의식하면서 터치를 넣는다.

4. 특징

의자는 좌판과 다리의 이음새에 선명한 그림자를 넣으면 그럴듯해 보인다. 실루엣을 약간 다듬어 골동품처럼 오래된 느낌으로 수정.

2점 투시도법으로 그린 판타지 세계의 도시

눈 내리는 도시

2점 투시도법을 사용한 판타지 세계의 거리를 그립니다. 유럽풍 건축물이 포인트, 그림을 합성하고 색을 늘리는 테크닉, 밤과 눈의 표현에 대해 설명합니다. 원근은 기준 정도로만 사용하고, 정확함보다 멋진 분위기가 중요한 건물을 그렸습니다. 캐릭터보다 건물이 주역이라고 할 수 있는 그림입니다.

❶ 러프

❷ 2점 투시도법 작성

 2508×3541px 약 8시간

❸ 건물의 디자인

❹ 색 합성

2점 투시도법으로 건물을 그린다.

2점 투시도법은 건물의 외견을 그릴 때 유용합니다. 2점 투시도법으로 그린 건물은 입체감이 도드라지므로, 건물이 주역인 그림에서도 위력을 발휘합니다. 이번에는 U-Pers 브러시를 사용해 원하는 형태의 건물에 적합한 투시안내선을 그리는 방법을 설명합니다.

[01] 건물의 형태를 잡는다.

S-에 브러시로 대강 건물의 실루엣을 잡은 다음, '문', '창문', '지붕과 벽의 경계선'을 그립니다. 특히 중요한 것이 지붕과 벽의 경계선❶입니다. 일단 원근의 흐름을 잡는 것이 중요한 포인트이므로 충분히 의식하면서 그려야 합니다.

익숙하지 않을 때는 처음부터 세밀한 선으로 꼼꼼하게 그리면 원근이 어긋나기 쉽습니다. 이 단계에서는 굵은 선으로 대강 그리는 것이 요령입니다.

> **Point** 문과 창문이 크기의 기준이다.

문과 창문은 사람의 크기가 기준이므로 실내를 그릴 때와 마찬가지로 반드시 그려야 합니다. 건물의 규모를 파악하기 쉽습니다.

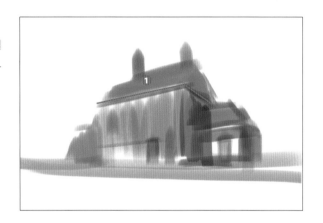

[02] U-Pers 브러시를 변형한다.

신규 레이어를 작성하고 U-Pers 브러시로 화면 중앙을 클릭해 투시안내선을 그린 다음, 변형(Ctrl + T)으로 왼쪽으로 크게 늘입니다. 투시안내선이 앞쪽 지붕과 벽의 경계선❷에 얼추 일치할 때까지 확대하거나 옮깁니다. 확대할 때는 Alt 를 누르고 중심을 고정하면 변형이 편리합니다.

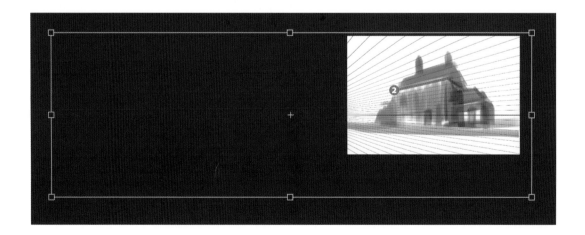

[03] 레이어를 복제하고 늘인다.

02에서 작성한 투시안내선 레이어를 복제하고 두 번째 투시안내선을 만듭니다. 옆면의 지붕과 벽의 경계선❸에 투시안내선이 대강 일치하도록 오른쪽으로 옮깁니다. 변형(Ctrl+T)은 Shift를 누른 채로 드래그하면 눈높이가 어긋나지 않아서 편리합니다. 이번에는 소실점❹가 화면 안에 있으므로 확대하지 않고 오른쪽으로 옮기기만 하면 충분합니다. 이것으로 투시안내선은 완성입니다.

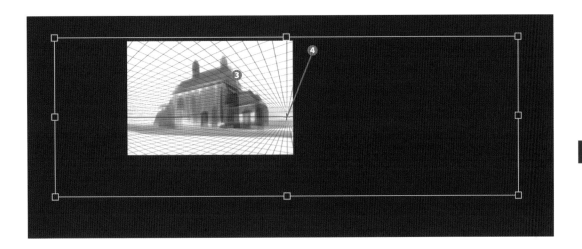

▶▶▶Point◀ **화면 안의 투시안내선을 잘라낸다.**

U-Pers 브러시를 크게 확대하면 캔버스 밖까지 레이어가 넓어져서, CLIP STUDIO PAINT의 동작이 느려지기도 합니다. 그럴 때는 화면 전체를 선택하고(Ctrl+A), 복사(Ctrl+C)한 뒤에 붙여넣기(Ctrl+V)를 합니다. 그러면 화면 밖(빨간색 부분❺)은 잘려나가고, 화면 안에만 투시안내선❻이 생깁니다. 딱 알맞은 크기로만 작성되는 만큼, 동작에 무리가 없습니다. 그러나 이 조작을 하면 이후에 투시안내선을 조절하기 어려우니, 원근을 확실하게 잡은 뒤에 사용해야 합니다.

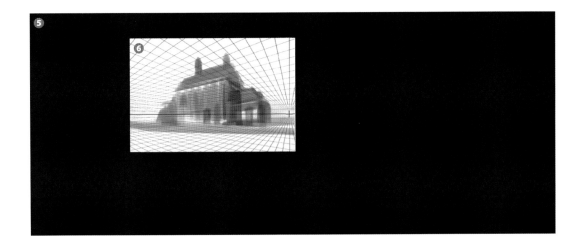

퍼스자로 건물을 그린다.

퍼스자를 사용해 2점 투시도법의 건물을 그려보겠습니다. 건물의 실내와 마찬가지로 직선이 많아서 퍼스자 활용에 적합합니다.

[01] 투시안내선을 그린다.

우선 U-Pers 브러시로 투시안내선을 작성하는 것부터 시작합니다❶. 'Perspective : 2점 투시도법으로 건물을 그린다(p.138)'의 투시안내선을 그대로 사용합니다. 기본적으로 이 책에서는 퍼스자만 사용하지 않고, 투시안내선과 함께 사용합니다.

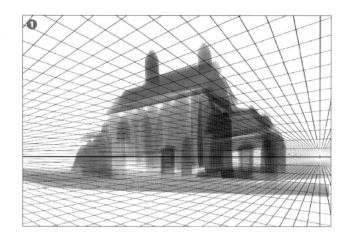

[02] 투시안내선에 퍼스자를 적용한다.

신규 레이어를 작성하고, 퍼스자를 선택한 뒤에 투시안내선을 소실점 방향으로 덧그려서 퍼스자를 배치합니다. 왼쪽의 소실점으로 향하는 투시안내선과 일치하도록 ❷와 ❸을 덧그립니다. 그러면 왼쪽 소실점을 기준으로 퍼스자❹를 배치할 수 있습니다. 이번에는 오른쪽 소실점❺로 향하는 투시안내선 덧그리면❻❼, 2점 투시도법의 퍼스자 배치는 끝입니다.

참조 Perspective : 퍼스자 사용법(p.92)

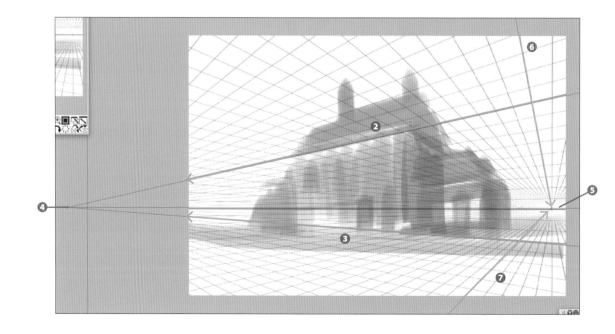

[03] 앞쪽에 벽을 그린다.

퍼스자를 배치한 레이어에는 **❽**의 아이콘이 생깁니다. 이 레이어에서는 퍼스자가 자동으로 보정하므로, '소실점으로 향하는 선', '눈높이와 평행한 선', '눈높이와 수직인 선'을 간단히 그릴 수 있습니다. 우선 S−Oil 브러시의 크기를 줄이고 앞쪽의 벽과 문을 그립니다**❾**. 문의 형태는 미리 그려두었지만, 문은 규모를 결정하는 중요한 요소이므로, 전체의 밸런스를 신중하게 결정합니다.

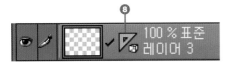

[04] 창문의 위치를 정한다.

문 윗변의 보조선**❿**과 옆변의 보조선**⓫**을 원근에 알맞게 그려서 창문의 위치를 잡습니다. 건물의 문과 창문은 보통 같은 위치와 높이에 있어서 보조선을 그리면 편하게 위치를 잡을 수 있습니다. 정확함을 추구한다면 투시안내선을 기준으로 분할하는 기법(p.150)으로 벽을 세밀하게 분할해서 그리면 좋습니다.

[05] 스냅을 ON으로 설정하고 지붕의 옆면을 그린다.

지붕 옆면의 선**⓬**를 그립니다. 하지만 이 선은 투시안내선과 일치하지 않아서 퍼스자의 스냅을 ON으로 설정한 상태에서는 제대로 그릴 수 없습니다. [표시] 메뉴에서 [특수자에 스냅]을 선택해 체크를 해제하면 스냅이 OFF로 변경할 수 있습니다. 단축키(Ctrl + 2)를 눌러도 스냅의 ON/OFF를 변경할 수 있습니다.

[06] 건물의 디테일을 그린다.

퍼스자의 스냅을 적절하게 설정하면서 건물의 디테일을 그립니다**⓭**.

Making

메이킹

01 회색 러프로 건물을 그린다.

Scene 6에서 큰 건물이 멋진 밤의 거리를 그리기로 했습니다. 사람들이 방에 모인 크리스마스를 맞이한 밤거리, 두 길이 만나는 판타지 세계의 상점이라는 식으로 이미지를 확장해 나갑니다. 캐릭터도 있지만, 건물이 주역이라는 사실을 의식하면서 그렸습니다.

S-에 브러시로 회색 러프를 그립니다. 밤거리에서는 창문이 밝습니다. 우선 창문을 밝은 회색으로 칠한 뒤에 건물의 실루엣을 그립니다 . 상점이므로 창문으로 상품이 보이도록 큰 창문을 많이 배치합니다 ❷. 원근은 크게 신경 쓰지 않고 머릿속에 있는 그림의 이미지를 그대로 옮긴다는 느낌으로 진행합니다.

> **Memo** 회색 러프는 너무 어둡지 않게 그린다.
> 밤이라고 해서, 회색 러프 단계에서 어둡게 그릴 필요는 없습니다. 어둡게 하는 것은 채색한 뒤에도 가능합니다.

02 회색 러프로 캐릭터를 그린다.

따뜻한 상점 창문의 불빛을 쓸쓸하게 바라보는 마녀를 추가하고, 하늘의 윗부분을 어둡게 합니다 ❸. 캐릭터는 메인인 건물과 겹치지 않도록 하고, 원경의 야경과 대비되는 위치에 배치했습니다.

> **Point** 밤은 불빛의 배치가 핵심

밤은 어두워서 밝은 부분이 특히 눈에 띕니다. 시선은 밝은 부분으로 집중되므로 불빛의 배치가 포인트입니다. 배치 패턴은 기본적으로 2가지입니다. '강조하고 싶은 부분을 밝게 한다' ❹ 와 '강조하고 싶은 부분을 어둡게 하고, 뒤에 밝은 배경을 넣어 실루엣을 강조한다' ❺입니다.

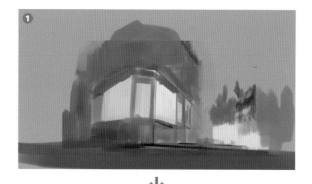

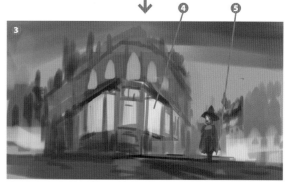

03 회색 러프에 파란색을 칠한다.

[오버레이] 모드 레이어를 추가하고, S─이 브러시를 사용해 어두운 파란색으로 채색합니다⑥. 처음에 어두운 파란색으로 밑색을 깔아두면 밤의 분위기를 표현하기 쉽습니다.

04 회색 러프에 난색을 칠한다.

다음은 밝은 부분에 오렌지색~노란색의 난색을 칠합니다⑦. 낮은 필압으로 살짝 칠하는 정도면 문제없습니다. 이번 단계에서는 밑색이므로 대강 어떤 색감인지 알아볼 정도면 충분합니다.

>Point< 밤은 다양한 색이 섞인 색

그림을 그리는 데 익숙하지 않으면 밤을 그릴 때 검은색 위주로 사용하기 쉬운데, 검은색은 NG입니다. 다양한 색의 물감을 섞으면 점점 검은색에 가까워집니다. 생각을 바꿔서 다양한 색이 섞여서 밤이 어둡게 보인다고 생각해야 합니다. 실제 매력적인 밤 배경은 어둠 속에 많은 색이 섞여 있어서 눈이 지겨울 틈이 없습니다.

05 2점 투시도법의 투시안내선을 그린다.

레이어를 추가하고 U-Pers 브러시로 화면 중앙을 클릭합니다. 그러면 **8**처럼 직사각형의 집중선을 그릴 수 있어서 변형(Ctrl + T)으로 크게 늘입니다**9**.

일러스트의 메인인 건물 왼쪽의 직선**10**과 투시안내선이 겹치는 지점까지 늘이면, 첫 번째 소실점의 투시안내선은 완성입니다.

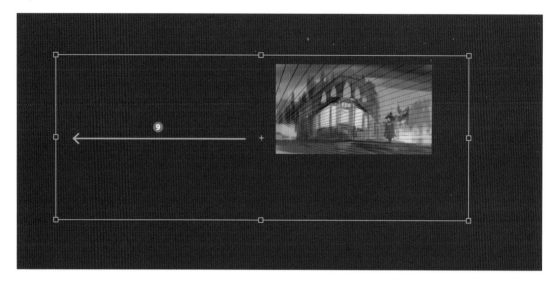

첫 번째 투시안내선을 그린 레이어를 복제합니다⓫. 복제한 레이어를 변형으로 ⓬처럼 오른쪽 직선과 투시안내선이 일치하도록 오른쪽으로 옮기면⓭, 두 번째 소실점의 투시안내선이 됩니다. 이것으로 2점 투시도법의 투시안내선을 완성했습니다.

참조 Perspective : 2점 투시도법 시작하기(p.110)
참조 Perspective : 2점 투시도법으로 건물을 그린다(p.138).

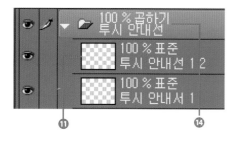

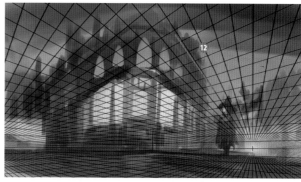

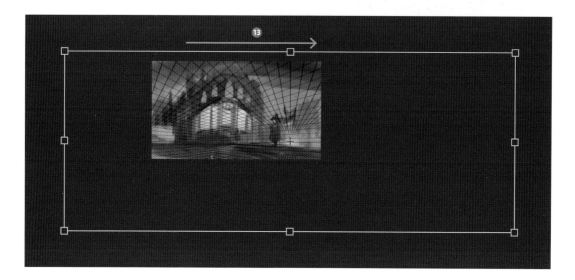

Point 레이어 폴더로 관리한다.

2점 투시도법에서는 2개의 레이어가 생깁니다. 레이어 폴더⓮로 관리하는 방법을 추천합니다. 폴더의 합성 모드를 [곱하기]로 설정하면 그림의 명도가 달라져도 투시안내선을 쉽게 구분할 수 있습니다.

> Memo 퍼스자를 사용한 판단
>
> 정확한 원근이 필요한지 아닌지로 퍼스자 사용 여부를 판단하면 됩니다. 이 그림에서는 퍼스자를 쓰지 않았습니다. 판타지 풍의 건물이라면 약간 어긋나는 정도가 오히려 분위기가 좋아집니다. Scene 5의 현대 건물의 실내에서는 정확한 원근이 필요했기 때문에 퍼스자를 사용했습니다.

06 구름을 그린다.

눈이 쌓인 화이트 크리스마스입니다. 쌓인 눈은
⑮의 색을 [스포이트] 도구로 추출해, S-에 브러
시로 그립니다. 우선 ⑯처럼 투시안내선과 지붕
의 선이 일치하도록 눈을 그립니다. 이 선이 정
확하면 건물의 리얼리티와 박력을 쉽게 표현할
수 있습니다. 지붕 다음은 도로 가장자리의 눈입
니다. 도시라면 눈을 어느 정도 치웠을 테니, 건
물과 도로의 이음새와 길 가장자리에 살짝 그리
는 정도면 충분합니다.

▶Point◀ 눈의 색은 밑색을 사용한다.

배경 공간에 잘 어울리는 흰색을 컬러 팔레트에
서 선택하려면 익숙해질 필요가 있습니다. 따라
서 눈은 밑색을 그대로 사용하면 편하게 그릴 수
있습니다. 밑색인 밝은색을 사용하면 다듬으면
서 빠르게 그릴 수 있습니다.

07 창문의 디자인을 변경한다.

눈을 그려 넣으면 환상적인 추운 겨울 밤거리의
분위기를 연출할 수 있는데, 창문 전체가 직선이
면 밋밋하니, 건물의 입구를 아치로 그렸습니다
⑰. 곡선이 들어가 분위기에 어울리는 부드러운
인상이 되었습니다.

08 별이 뜬 하늘을 그린다.

레이어를 추가하고 S-Pen 브러시로 하늘에 별을 그립니다⑱. 괜히 어렵게 생각하지 않고, 적당히 점을 찍으면 충분합니다. S-Pen 브러시는 원형이므로, 별을 그릴 때도 쓸 수 있습니다. 점을 찍을 때는 필압의 강약을 조절해, 다양한 크기의 별을 그립니다⑲.

Point 별하늘 브러시의 사용법

밤하늘의 별을 강조할 의도가 없다면 S-Pen 브러시로 점을 찍는 방식으로 그리면 됩니다. **Scene 6**의 그림은 추가로 눈을 그려 넣었기 때문에 별이 너무 많으면 눈의 인상이 약해지므로, 별하늘 브러시는 쓰지 않았습니다.

밤하늘의 별을 강조하고 싶은 그림은 이 책의 특전인 U-Star 브러시 같은 전용 브러시가 유용합니다. 밤하늘에 가득 채운 별을 간단히 그릴 수 있습니다⑳. 이 정도라면 몇 분 만에 그릴 수 있으니 꼭 시험해보세요.

레이어를 분할한다.

투시안내선과 별을 제외한 레이어를 일단 결합하고, [올가미 선택] 도구로 부분별로 선택하고❷, 복사&붙여넣기로 레이어를
분할합니다. 레이어 순서는 위에서 차례로 '투시안내선 폴더', '마녀', '메인 건물', '원경의 거리', '별', '하늘'입니다❷.

메인인 건물을 선택

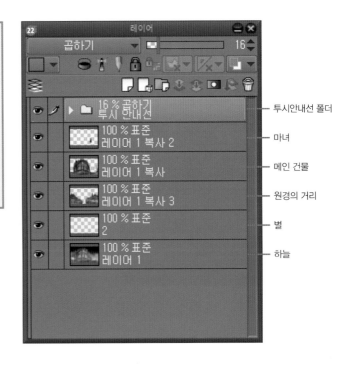

Memo	레이어의 이름은 설정하지 않아도 된다.

레이어에 이름을 붙여서 관리하는 사람
도 있는데, 저는 기본적으로 이름을 붙이
지 않고 작업합니다. 레이어 결합이나 복
사 등을 자주 사용하므로 이름을 붙여도
계속 달라지기 때문인데, 가장 큰 이유는
단순히 작업 과정이 늘어난다는 느낌 때
문입니다. 의뢰를 받은 그림을 납품할 때,
레이어의 이름이 필요하다면 완성한 뒤에
레이어 구조를 정리하고 이름을 붙입니다.

투시안내선 폴더

마녀

메인 건물

원경의 거리

별

하늘

10 건물의 실루엣을 선명하게 한다.

'메인 건물' 레이어의 [투명 픽셀 잠금]❷❸을 설정하고, 실루엣이 선명해지도록 S-Air 브러시를 사용해 건물 위쪽❷❹ 부근에 밤하늘의 가장 어두운색을 넣습니다. [투명 픽셀 잠금]을 사용하면 건물 부분을 벗어나지 않게 색을 칠할 수 있습니다.

11 따뜻한 인상을 강조한다.

[오버레이] 모드 레이어를 작성하고 ❷❺처럼 밝은 부분에 밝은 오렌지색을 올려서 따뜻한 인상을 강조합니다. [오버레이] 모드 레이어는 채도가 부족할 때 사용하면 좋습니다. 기본적으로 일부를 어둡게 했다면, 다른 곳은 밝게, 밝게 했다면 다른 곳은 어둡게 하는 식으로 처리하면 명도의 밸런스를 잡기 쉽습니다.

12 창틀을 그린다.

S-에 브러시로 창틀을 그립니다. 이번에는 투시안내선을 기준으로 정확한 간격으로 분할한 창틀 그리는 법을 소개합니다. 창 이외에도 다양한 곳에 응용할 수 있습니다.

>Point< 투시안내선을 따라서 창틀을 그린다.

1. 창문의 대각을 잇는다.

신규 레이어를 작성하고 창틀을 그리기 전에 보조선을 긋습니다. 우선 사각형 창문❷❼의 대각선을 잇습니다. 대각선을 긋는 이유는 사각형의 중심❷❽을 확인하기 위해서입니다.

2. 중심을 관통하는 보조선을 긋는다.

사각형의 중심을 관통하는 보조선을 그립니다. 가로 방향은 ❷❾와 평행하게, 세로 방향을 창틀의 세로 선과 평행하게 그립니다. 그러면 사각형이 크게 4개로 분할됩니다.

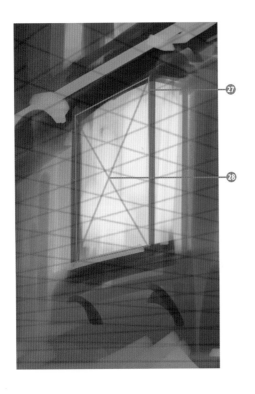

3. 좌우 창문의 대각을 잇는다.

오른쪽 절반의 대각을 ㉚처럼 선으로 잇습니다. 끝나면 왼쪽 절반도 똑같이 잇습니다. 완성된 각 대각선의 교차점을 지나는 세로 방향의 보조선을 그리면 창틀의 형태가 됩니다. 2와 3의 보조선을 따라서 세로 방향의 창틀㉛을 그리면 완성입니다.

4. 창문을 위아래로 나누고 대각을 잇는다.

㉜처럼 창문 위쪽 절반의 대각선을 잇습니다. 아래쪽 절반도 똑같이 이으면, 4개로 나눌 수 있습니다㉝. 이 분할을 형태라고 생각하고 창틀을 그리면 ㉖처럼 됩니다.

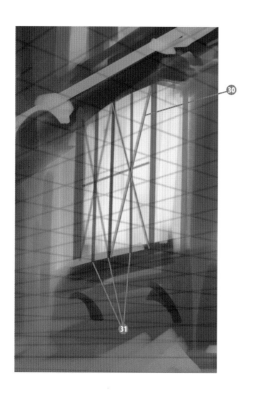

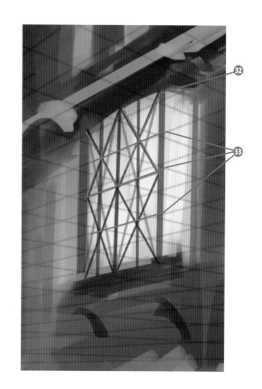

Memo 투시안내선을 활용한 분할의 허점

투시안내선을 활용해 도형을 정확하게 분할하는 방법은 편리하지만, 실제로 해보면 이미지와 다를 때가 많습니다. 저는 그럴 때 대부분 그림의 분위기를 우선해, 감각에 의지해서 분할합니다. 이번에도 왼쪽에 큰 창틀 이외에는 감각으로 그렸습니다㉞. 예를 들어 요즘 건물처럼 정확한 건축에서는 정확하게 분할해서 그리는 방법을 추천하지만, 판타지의 건물이나 캐릭터가 메인인 그림에서는 감각으로 분할하는 정도면 딱 적당할 때도 있습니다.

13 원경의 도시를 그린다.

S-에 브러시로 원경의 거리를 그렸습니다. 우선은 ❸❺ 의 색을 [스포이트] 도구로 추출해. 건물의 벽과 지붕 을 그립니다. 어두운색으로 지붕과 벽의 경계선❸❻을 그려두면 좋습니다. 밝은 밑바탕을 이용해 벽을 그리 면서 창문❸❼을 표현합니다.

실루엣을 정리한 뒤에 S-에 브러시로 부족한 창문을 적당히 그려 넣습니다❸❽. 원경의 거리는 분위기가 중 요하므로 직선이나 정확한 원근을 거의 무시해도 괜 찮습니다.

14 색 합성으로 색을 늘린다.

전체적으로 색의 종류가 적어서 허전한 느낌이므로, Scene 1의 일러스트를 합성해 색을 늘립니다.

자신의 그림을 [오버레이] 모드 레이어로 합성해 색을 늘이는 방법을 이 책에서는 '색 합성'이라고 합니다.

▶Point◀ 색 합성 방법

1. 자신의 작품을 가져온다.
[파일] 메뉴에서 [가져오기]→[화상]으로 원하는 이미지를 캔버스로 가져옵니다❸❾. 가져온 이미지 레이어를 마우스 오른쪽 클릭해, [래스터화]를 적용하면 준비 완료입니다. 래스터화를 하면 표준 레이어처럼 색조 보정이나 필터를 적용할 수 있습니다.

여기서 자신의 작품을 사용하는 것이 중요합니다. 타인의 작품, 인터넷에서 찾은 이미지를 사용하는 것은 절대로 안 됩니다. 저작권 위반은 범죄입니다.

2. [오버레이] 모드로 설정한다.
가져온 작품의 레이어 합성 모드를 [오버레이]로 설정합니다❹⓿. 기본적으로 색 합성에서는 [오버레이] 모드를 사용하지만, 그림 전체를 어둡게 할 때는 [곱하기] 모드를 쓰기도 합니다.

3. 파형 필터로 변형한다.
[필터] 메뉴에서 [변형]→[파형]으로 가져온 작품을 변형합니다. 파형 필터는 적당한 수치로 적용하면 ❹❶처럼 그림이 일그러집니다. 파형 필터는 흐리기 필터와 달리 일러스트의 선명함을 잃지 않은 상태로 변형할 수 있어서, 저는 즐겨 씁니다.

4. 다듬는다.
❹❶의 상태라면 색이 너무 강해서 [편집] 메뉴에서 [색조 보정]→[레벨 보정]으로 대비를 조절하고, 색 합성 효과를 약화시킵니다❹❷. 레벨 보정의 두 종류의 슬라이더❹❸을 중앙으로 가져오면 간단하게 다듬을 수 있습니다.

참조 Technique : 사진 합성과 색 합성(p.186)

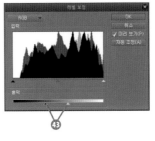

15 문과 유리창을 그린다.

T-Pastel 브러시를 사용해 유리창부터 묘사합니다. 유리창은 유리와 창틀의 경계 부분❹가 밝아지는 성질이 있으므로, [스포이트] 도구로 하늘의 색을 추출해, T-Pastel 브러시로 유리 중앙을 ❹처럼 가볍게 칠해 어둡게 하면 간단히 유리를 묘사할 수 있습니다.

유리를 어둡게 했으므로, 밸런스를 잡듯이 문에도 어두운색을 올립니다. 포인트는 밑바탕❹처럼 전부 칠하지 않고, ❹처럼 일부분은 남겨두는 것입니다. 밑바탕이 보이는 부분이 나무문의 광택이 됩니다.

끝으로 [더하기] 모드 레이어를 추가하고 가로등 주위의 빛을 표현합니다. T-Air 브러시는 에어브러시에 불규칙한 노이즈를 더한 브러시로 가로등에 사용하면 입자가 느껴지는 빛을 표현할 수 있어서 가장 적합합니다.

154

16 | 밤의 인상을 강조하고 보도블록을 그린다.

전체에 어두운 밤의 인상을 강조해, 내리는 눈이 도드라지게 합니다. [곱하기] 모드 레이어를 작성하고 S-Air 브러시로 전체를 살짝 보랏빛이 감도는 색을 올려 어두워지게 합니다. 그런 다음 '가로등 주위', '창문', '원경의 밝은 부분'❹❽ 등을 E-S-에 브러시로 지웁니다. 전체를 어둡게 한 뒤에 지워서 밝아지게 한 이유는 어두운 부분의 흐릿한 인상과 밝은 부분의 선명한 인상을 연출할 수 있기 때문입니다. 또한, 내리는 눈은 임시로 배치한 상태이므로 T-Pastel 브러시로 점을 찍듯이 그렸습니다.

▶Point◀ **밤의 색**

보랏빛이 감도는 색으로 어둡게 한 것은 아름다운 밤을 연출하고 싶었기 때문입니다. 파란색을 사용하면 추운 겨울밤처럼 보이지만, 보라색을 사용하면 우아함이 느껴지는 전혀 다른 분위기가 됩니다.

▶Point◀ **보도블록 그리는 법**

홈을 그리는 방법이 일반적이지만, 이번에는 돌을 그려서 홈을 표현해 보도블록으로 보이게 하겠습니다. 밑바탕의 어두운 부분을 이용하면 효율적으로 그릴 수 있습니다. ❹❾ 부근의 색을 [스포이트] 도구로 추출하고, T-Sakuyo 브러시로 살짝 호 (곡선)를 그리듯이 움직이기만 하면 OK입니다❺⓪. 포인트는 검정 밑바탕이 브러시 터치의 빈틈으로 보이게 하는 것입니다. 브러시 터치의 빈틈으로 보이는 검정 밑바탕이 보도블록의 빈틈으로 보입니다. 또한, T-Sakuyo 브러시의 거친 텍스처가 바위의 질감을 표현해줍니다.

17 캐릭터를 묘사한다.

전체의 인상이 정해졌으므로, 캐릭터를 묘사합니다 ⑤①. 그러나 이 그림의 주역은 건물입니다. 캐릭터 디자인보다도 실루엣이 어느 정도 드러날 정도로 의상과 다리 등을 어둡게 하는 식으로 배경과 대조적으로 표현하는 것이 중요합니다 ⑤②.

▶ Point ◀ 실루엣을 선명하게 그린다.

캐릭터 묘사보다 중요한 수정 포인트가 캐릭터의 위치를 오른쪽으로 약간 옮겨 실루엣이 구분되게 하는 것입니다. ⑤③처럼 모자와 건물의 실루엣이 겹쳐버렸기 때문입니다.

18 나무를 그린다.

S-에 브러시로 오른쪽 가장자리에 나무를 그립니다. 나무를 넣는 것은 메인 건물의 좌우 ⑤④가 너무 허전해서, 무언가 배치해 시선이 빠져나가는 것을 막고 싶었습니다. 나뭇가지에 쌓인 눈은 가지와 가까운 곳의 눈의 색 ⑤⑤를 [스포이트] 도구로 추출해서 묘사에 사용하면 됩니다.

19 │ 구름 브러시로 눈을 그린다.

레이어를 추가하고 U-Snow 브러시를 사용해 내리는 눈을 그립니다. 이 브러시는 가볍게 긋기만 해도 간단히 눈을 그릴 수 있습니다. 전체에 일정하게 넣는 것이 아니라, 부분별로 차이가 생기게 넣으면 좋습니다. 포인트는 **56**처럼 가로등의 불빛 부분입니다. 눈은 흰색이므로 빛을 잘 반사합니다. 눈을 밝은색으로 많이 그리면 '눈이 내리는 분위기'가 한층 강해집니다.

▶Point◀ 내리는 눈으로 강약을 더한다.

U-Snow 브러시를 사용한 뒤에 눈 레이어의 [투명 픽셀 잠금]을 설정합니다. 빛이 약한 부분의 눈은 잘 보이지 않기 때문에, 하늘의 색을 [스포이트] 도구로 추출해 S-Air 브러시의 [불투명도 : 30% 정도]로 설정하고, 하늘의 어두운 부분에 있는 눈을 흐릿하게 칠합니다. 이렇게 강약을 더하면 공간에 깊이가 느껴집니다. 하늘의 색을 그대로 쓰지 않고, 약간 어둡게 한 정도가 딱 좋습니다.

20 건물을 묘사한다.

그림의 묘사에는 절대로 빼놓을 수 없는 포인트가 있습니다. 거의 모든 요소에 해당하는 부분입니다.

>Point< 절대로 알아두어야 할 묘사 포인트

· 쌓인 눈 ❺❼

S-아이 브러시로 건물의 돌출된 부분에 쌓인 눈을 가늘게 그립니다. 눈은 돌출된 부분에 쌓입니다. 다시 말하면 눈이 쌓인 모습을 그린 부분이 돌출이라는 입체감 표현으로 이어지는 것입니다. S-아이 브러시를 사용하는 이유는 세밀하고 매끄러운 그라데이션이 눈 표현에 적합하기 때문입니다.

· 작은 돌출의 그림자 ❺❽

S-아이 브러시로 창틀에 있는 작게 돌출된 부분의 그림자를 그립니다. 작은 그림자의 유무로 완성도에 큰 차이가 생기는 만큼. 절대로 놓쳐서는 안 될 포인트입니다. 질감 묘사보다 돌출(입체)로 생기는 그림자 묘사를 하는 편이 더 사실적인 표현이 됩니다. [Shift]를 누른 채로 선을 그으면 간단히 직선을 그을 수 있으므로 직선 부분을 그릴 때는 적극적으로 사용합니다. S-아이 브러시를 사용하는 이유는 그림자의 질감을 표현하는 데 유리하기 때문입니다.

· 하이라이트 ❺❾

T-Sakuyo 브러시로 하이라이트를 그립니다. 하이라이트는 자연스럽게 반짝이는 느낌이 되도록, 여러 번 덧칠하지 않고 가볍게 그리는 것이 요령입니다. 하이라이트의 색은 흰색이 아니라 반사한 빛의 색을 사용합니다. 이번에는 가로등이나 창문의 빛을 [스포이트] 도구로 추출해서 사용했습니다. T-Sakuyo 브러시를 사용한 이유는 하이라이트에 선명하고 약간 거친 질감을 넣고 싶었기 때문입니다. 매끄럽지 않은 하이라이트가 질감 표현이 됩니다.

문 주위의 포인트

큰 창문 주위의 포인트

2층 중앙 창문 주위의 포인트

21 전체의 강약을 의식하면서 다듬는다.

가장 중요한 배경 묘사가 묘사량의 강약입니다. 전체를 균일하게 묘사하지 않고, 보는 사람의 시선이 집중되는 부분, 그렇지 않은 부분에 밀도가 다르면, 매력적이고 빠르게 완성할 수 있습니다. 이 그림에서 가장 강조하고 싶은 부분은 중앙 건물의 문입니다. 우선은 문을 멋지게 그리면 그것만으로도 그림 전체의 인상이 좋아집니다. 그 점을 의식하면서 전체의 밸런스를 보고 다듬으면 완성입니다 **60**.

▶Point◀ 묘사의 강약이 매력이 되는 3개의 이유

a. 그림에 완급을 조절한다.

그림 속에 균일한 부분이 많으면 눈이 농담을 인지하게 되고, 결과적으로 인상이 나빠지기 쉽습니다. 묘사의 강약으로 자연스럽게 그림의 완급을 조절하면 보는 사람의 눈을 즐겁게 할 수 있습니다.

b. 보기 쉬워진다.

배경 전체에는 다양한 요소가 있는데, 전부 균일하게 묘사하면 모든 요소의 주장이 강해져, 보는 사람이 어디를 보면 좋을지, 어디에 의식을 집중해야 할지 알 수 없게 됩니다. 묘사의 강약을 조절하면, 꼭 봐야할 부분을 바로 인식할 수 있습니다.

c. 주변 시야를 재현할 수 있다.

사람의 시계는 초점이 맞는 부분만 잘 볼 수 있습니다. 주변 시야라고 하는 시계의 가장자리는 보이지만 인식하기 어려운 상태입니다. 묘사의 강약으로 그림 속에 사람이 익숙한 시계를 재현할 수 있습니다.

커스텀 브러시 만드는 법

커스텀 브러시는 직접 만들 수 있습니다. 별하늘 브러시를 만들어 보겠습니다. 작성한 별하늘 브러시는 이 책의 특전인 U-Star 브러시로 제공합니다.

[01] 브러시 끝 모양의 파일을 작성한다.

브러시 끝 모양을 그릴 신규 파일을 작성합니다. 2000×2000px 크기의 정사각형, 해상도는 350dpi로 설정했습니다❶. 이 정도 크기면 인쇄할 작품에도 대응할 수 있는 고화질의 브러시를 만들 수 있습니다.

[02] 브러시 끝 모양을 그린다.

검게 채운 배경 레이어를 작성합니다. 위에 레이어를 추가하고 S-Pen 브러시와 S-Air 브러시를 사용해 브러시 끝 모양을 그립니다. 색은 흰색입니다.

밤하늘의 별을 그리는 브러시이므로, 끝 모양은 별이 뜬 하늘의 일부를 그립니다. 우선 S-Pen 브러시의 [브러시 크기 : 60px], [불투명도 : 90%]로 설정하고 적당히 점을 찍습니다.

필압에 따라 별의 크기가 달라지는 것이 포인트입니다. 다음은 S-Air 브러시의 [브러시 크기 : 400px], [불투명도 : 30%]로 별빛의 확산❷를 그립니다. 동일하게 가볍게 점을 찍는 느낌으로 그립니다. 흐릿한 터치는 별빛이 확산되는 모습과 성운의 느낌도 표현합니다.

[03] 소재로 등록한다.

02에서 브러시 끝 모양을 그린 레이어를 선택하고, [편집] 메뉴에서 [소재 등록] → [화상]으로 소재 속성을 열어, 브러시 끝 모양으로 등록합니다.

[소재명]은 'Star'❸, [브러시 끝 모양으로 사용]❹에 체크를 합니다. 다음은 원하는 위치❺를 선택하고 [OK]를 클릭하면 브러시 끝 모양 소재로 등록할 수 있습니다.

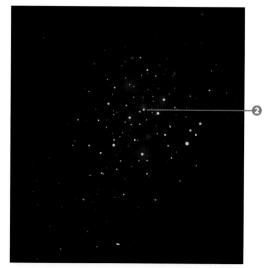

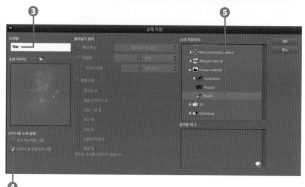

[04] 브러시를 작성한다.

[보조 도구] 창의 **6**을 클릭하고, [커스텀 보조 도구 작성]**7**을 클릭하면 커스텀 보조 도구를 작성할 수 있습니다. 이번에는 [이름 : Star], [출력 처리 : 직접 그리기], [입력 처리 : 브러시]**8**로 설정하고 [OK]를 클릭합니다. 그러면 작성한 브러시의 [보조 도구 상세] 창이 열립니다.

> **Memo** **도구 아이콘을 변경한다.**
>
> 브러시 아이콘은 원하는 것을 선택할 수 있으니, 원하는 아이콘을 직접 만드는 것도 재미있습니다. 이 책의 특전 브러시는 제가 만든 아이콘을 사용했습니다.

[05] 브러시 끝 모양을 적용한다.

02에서 등록한 끝 모양 이미지를 새로 작성한 브러시에 적용합니다. 우선 [보조 도구 상세] 창의 [브러시 끝]**9**를 클릭하고, [소재]**10** 부분을 클릭한 뒤에 **11** 부분을 클릭합니다. 그러면 [브러시 끝 모양 선택] 창이 열립니다.

등록한 브러시 끝 모양 소재**12**를 선택하고 [OK]를 클릭합니다.

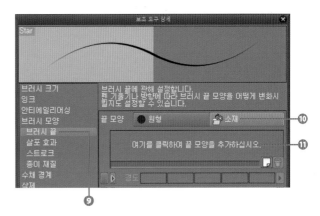

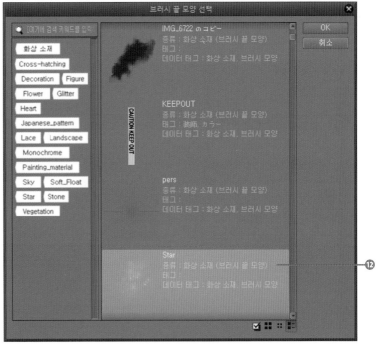

[06] 브러시 크기를 키운다.

별하늘 브러시는 캔버스에 별이 가득한 하늘을 손쉽게 그릴 수 있도록 브러시 크기를 크게 설정합니다. 우선 [보조 도구 상세] 창의 [브러시 크기] 탭⑬에서 [브러시 크기 : 1000]⑭로 설정합니다.

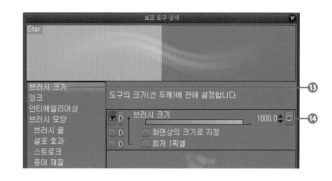

[07] 안티에일리어싱을 약하게 한다.

[안티에일리어싱] 탭⑮에서 [안티에일리어싱]의 강도를 [약]⑯으로 변경합니다. 안티에일리어싱은 확대했을 때 보이는 거칠 가장자리를 부드럽게 다듬어 주는 처리이며, 간단하게 말하면 브러시가 살짝 흐려집니다. 별이 뜬 밤하늘은 별을 하나씩 그린 듯한 선명한 정보가 필요해서 약하게 실정합니다.

[08] 살포 효과로 브러시를 확산되게 한다.

[살포 효과] 탭⑰에서 [살포 효과]⑱에 체크를 하고, 브러시가 확산되게 합니다. [입자 크기 : 498.2]⑲, [입자 밀도]는 가장 약하게, 추가로 ⑳을 클릭해 [필압]에 체크를 하면, 필압으로 입자의 밀도가 변합니다. [살포 편향]은 중간 정도㉑, [입자 방향]은 ㉒를 클릭해 [랜덤]에 체크㉓을 넣고, [영향도]의 슬라이더를 높입니다. 이 슬라이더로 불규칙한 변화의 정도를 조절할 수 있습니다. 이것으로 브러시 끝 모양이 불규칙하게 회전하고, 입자 밀도와 범위가 다양하게 변합니다.

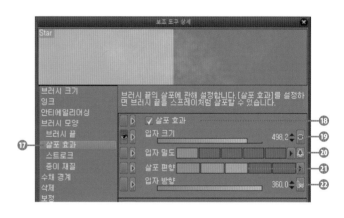

> **Memo** 시행착오를 하자.
>
> 설정의 수치와 기능은 환경에 따라서 그리는 맛이 달라집니다. 실제로 브러시를 사용해보고, 시행착오를 거치면서 최적의 설정을 찾아보세요. 조작은 말보다는 실제로 해보는 것이 좋습니다.

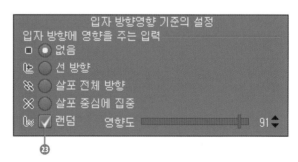

[09] 간격을 변경한다.

브러시의 밀도가 높으면 한 번에 많은 별이 그려지므로, [스트로크] 탭❷에서 [간격]을 가장 좁게 ❷ 설정합니다.

[10] 텍스처를 올려 더 랜덤해지게 한다.

지금까지 설정만으로는 브러시에 복사&붙여넣기 느낌이 있어서, [종이 재질] 탭❷에서 종이 재질을 설정하면 더 불규칙해집니다. 브러시의 이미지에 다른 질감(텍스처)을 합성하면, 복사&붙여넣기의 느낌을 줄일 수 있습니다. 이번에는 'Mortar'❷을 사용합니다. Mortar는 개인적으로 좋아하는 텍스처입니다. 참고로 Mortar는 3가지 소재가 있는데, 큰 차이는 없으니 적당히 선택해도 괜찮습니다. 이후에 수치를 ❷처럼 설정하면 완성입니다. 이 브러시로 대강 그려도 벽이 가득한 밤하늘을 그릴 수 있습니다❷.

> **Memo 브러시 설정을 초기 설정으로 저장한다.**
>
> 브러시 설정이 끝난 뒤에 [보조 도구 상세] 창의 [모든 설정을 초기 설정으로 등록]을 클릭하고, 브러시의 설정을 저장해두면 편리합니다. 이 조작을 하지 않은 상태로 [모든 설정을 초기 설정으로 복귀]를 클릭하면 임의로 설정했던 내용들이 지워져버립니다.

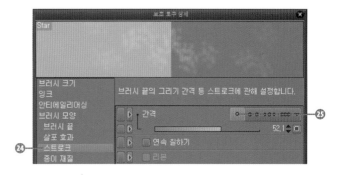

6

눈 내리는 도시

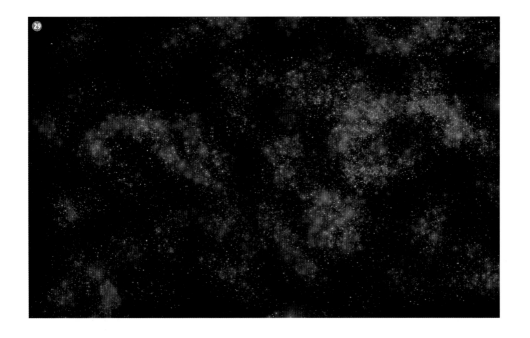

증기소녀의 일상

3점 투시도법으로 그린 스팀펑크의 세계

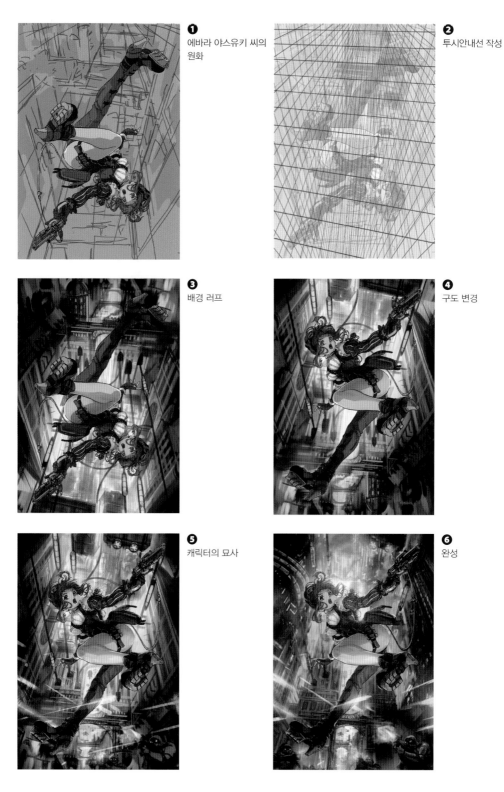

❶ 에바라 야스유키 씨의 원화

❷ 투시안내선 작성

❸ 배경 러프

❹ 구도 변경

❺ 캐릭터의 묘사

❻ 완성

애니메이션 『진격의 거인』, 『갑철성의 카바네리』 등 다양한 작품에서 작화 감독과 캐릭터 디자인을 담당한 애니메이터 에바라 야스유키 씨에게 원화를 받았습니다. 3점 투시도법을 사용한 박력 있는 구도로 스팀펑크가 세계관인 작품입니다. 이번 에는 3점 투시도법의 실전 사용법과 사진 합성으로 시간을 단축하는 테크닉, 자신의 지식을 이용한 인식 그리기 등의 테크닉을 설명합니다.

 2508×3541px

 약 9시간

3점 투시도법 시작하기

3점 투시도법은 장대한 배경이나 캐릭터의 움직임을 그릴 때 유용합니다. 3개의 소실점을 이해하고 브러시 사용법을 알면, 간단히 활용할 수 있습니다. 기본에 대해서 살펴보겠습니다.

 ## 3점 투시도법이란?

3점 투시도법은 2점 투시도법을 발전시켜, 세로 방향에 소실점을 추가한 것입니다. 2점 투시도법은 왼쪽❶과 오른쪽❷에 총 2개의 소실점이 있는데, 3점 투시도법은 좌우❸, ❹의 소실점에 위❺ 혹은 아래에 소실점을 설정합니다.

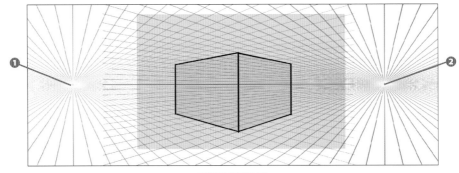

2점 투시도법의 예

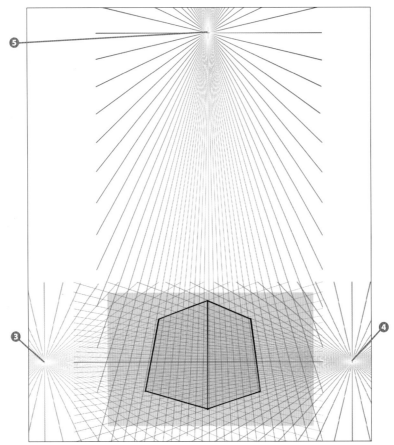

3점 투시도법의 예

세로 방향의 소실점이란?

세로 방향의 소실점을 파악하기 어려울 때는 높은 건축물을 밑에서 올려다본 모습을 떠올려 보면 좋습니다. 높은 건물은 정상으로 갈수록 점차 작아지는데, 지상에서 본 높은 지점, 즉 자신에게서 멀리 떨어져 있기 때문에 작아집니다. 소실점은 '멀리 있는 것은 작게 보이는 현상을 탐구한 결과물'입니다. 실제로 높은 건축물을 아래에서 올려 본 사진에 보조선을 그어 보면 소실점이 있는 것을 잘 알 수 있습니다 ⑥.

 3점 투시도법은 어떨 때 사용할까?

3점 투시도법은 세로 방향의 거리감을 표현하기 쉬워서, ⑦과 ⑧처럼 건물의 거대한 규모와 장대한 박력을 표현하고 싶은 그림에 주로 많이 사용합니다. 로우 앵글, 하이 앵글이 강한 구도입니다. 하이 앵글은 캐릭터의 얼굴을 크게 보여주면서 전신을 표현할 수 있어서, 3점 투시도법은 캐릭터를 메인으로 그릴 때도 의외로 많이 쓰입니다.

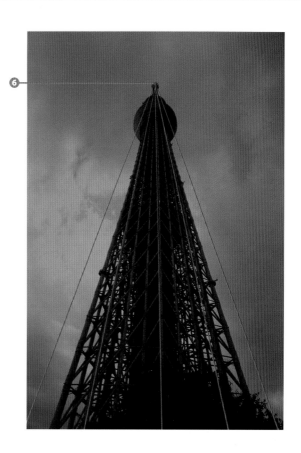

3점 투시도법으로 건물을 그린다.

실루엣의 이미지에 적합한 3점 투시도법의 투시안내선을 U-Pers 브러시를 사용해 그리는 방법을 설명합니다.

[01] 실루엣을 그린다.

크기를 키운 S-에 브러시를 위에서 아래로 움직여 실루엣을 그립니다. 실루엣 다음은 작은 S-에 브러시로 왼쪽❶과 오른쪽❷에 원근에 알맞게 직선을 가볍게 그립니다. 요령은 ❶, ❷의 직선 이외의 사소한 포인트를 그리지 않는 것입니다. 빌딩을 그릴 때는 아무래도 창문처럼 작은 부분을 그리고 싶어지지만, 지금 단계에서는 일단 참아야 합니다. 가는 선이 너무 많으면 어디를 기준으로 투시안내선을 작성해야 할지 몰라서 헤매게 됩니다.

[02] U-Pers 브러시를 변형한다.

신규 레이어를 작성한 다음, U-Pers 브러시로 화면 중앙을 클릭하고 변형(Ctrl+T)으로 왼쪽으로 크게 늘입니다. 투시안내선이 왼쪽의 직선❶과 대강 일치하는 상태❸까지 확대하거나 옮깁니다. 위치가 정해지면 Enter로 확정합니다.

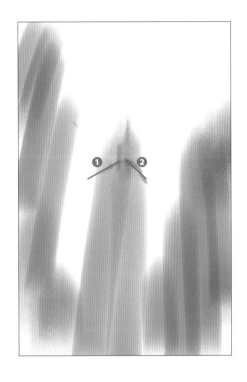

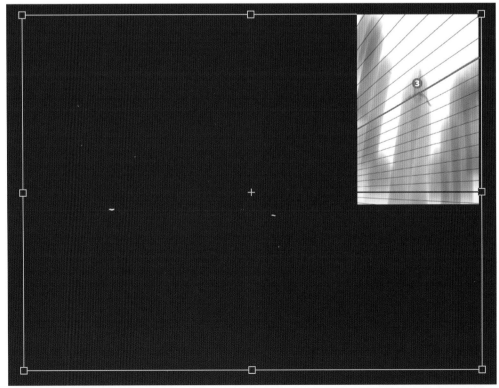

[03] 레이어를 복제하고 늘인다.

02에서 그린 투시안내선 레이어를 복제하고, 변형(Ctrl+T)으로 Shift를 누른 상태에서 오른쪽으로 옮깁니다. 눈높이인 굵은 선❹가 **02**의 투시안내선과 겹쳐지도록 하는 것이 중요합니다. 어긋나면 눈높이도 어긋나게 됩니다. 이번에는 오른쪽 직선❷와 투시안내선이 대강 일치하도록 조절합니다❺. 지금까지의 순서는 2점 투시도법과 완전히 같습니다.

> **참조** Perspective : 2점 **투시도법으로 건물을 그린다**(p.138).

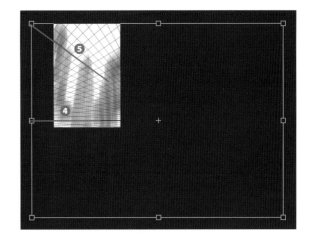

[04] 3개의 투시안내선을 작성한다.

03레이어를 복제하고, 변형(Ctrl+T)로 이번에는 세로 방향으로 늘입니다. 투시안내선이 건물 실루엣의 직선❻에 대강 일치하도록 변형으로 조절합니다. 기본적으로 화면 중앙의 건물이 메인이므로 투시안내선이 일치하게 합니다.

3점 투시도법은 크게 확대한 레이어를 동시에 처리하는 작업이 많아서, 그대로 두면 동작이 무거워집니다. 3개의 투시안내선을 배치한 뒤에 p.139에서 소개한 화면 안의 투시안내선만 잘라내서 가벼워지게 합니다.

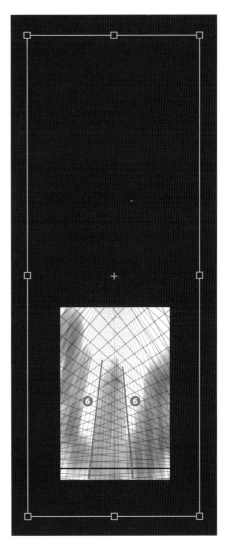

Perspective

퍼스자로 건물을 그린다.

퍼스자를 사용해 3점 투시도법의 건물을 그려보겠습니다. 3점 투시도법의 건물은 수직인 선이 대부분이므로, 제대로 그리기가 쉽지 않지만 퍼스자를 사용하면 빠르고 정확하게 형태를 잡을 수 있습니다.

[01] 투시안내선에 퍼스자를 적용한다.

U-Pers 브러시로 작성한 투시안내선에 퍼스자를 적용합니다. 'Perspective : 3점 투시도법으로 건물을 그린다(p.168).'에서 작성한 투시안내선을 사용합니다. 우선 신규 레이어를 작성하고, [자] 도구에서 [퍼스자]를 선택합니다. 투시안내선의 소실점 방향으로 덧그려서 퍼스자를 배치합니다. 처음에 왼쪽 소실점①로 향하는 투시안내선 ②, ③과 겹치도록 덧그려서 투시자를 배치합니다. 이번에는 오른쪽 소실점④로 향하는 투시안내선 ⑤, ⑥과 겹치도록 덧그려서 두 번째 퍼스자를 배치합니다. 지금까지의 조작은 2점 투시도법의 퍼스자 설정과 완전히 같습니다.

참조 Perspective : 퍼스자 사용법(p.92).
참조 Perspective : 퍼스자로 건물을 그린다(p.140).

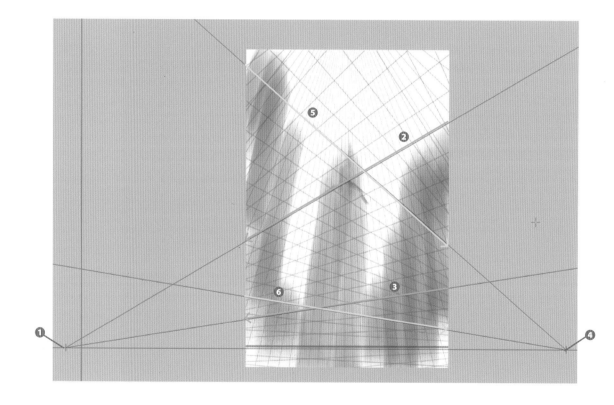

[02] 세로 방향의 투시안내선에 퍼스자를 적용한다.

세 번째 세로 방향의 투시안내선에도 퍼스자를 적용합니다. 마찬가지로 위쪽 소실점❼로 향하는 투시안내선 ❽, ❾과 일치하도록 덧그려서 퍼스자를 배치합니다. 이제 세 번째 소실점의 퍼스자 설정도 마쳤습니다.

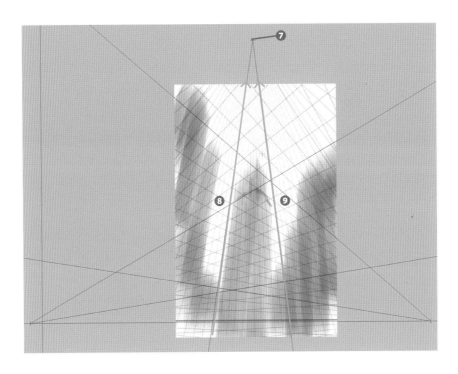

[03] 건물을 그린다.

실루엣을 의식하면서 S−이 브러시로 건물을 그립니다. 퍼스자를 설정한 레이어에서는 자동으로 보정되므로, '세 번째 소실점으로 향하는 선'만 간단히 그릴 수 있습니다. 처음부터 작은 포인트를 그리는 것이 아니라 ❿처럼 우선 대강 상자로 입체감을 잡은 뒤에 세부를 그리는 방법을 추천합니다.

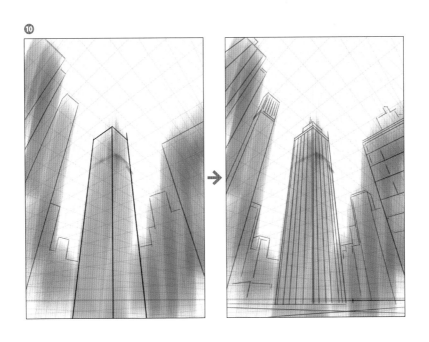

Making

메이킹

01 캐릭터 원안을 확인한다.

Scene 7은 에바라 야스유키 씨가 캐릭터를 그렸고, 캐릭터의 채색과 배경 일러스트는 제가 담당했습니다. 이번에 에바라 야스유키 씨에게 협력을 부탁드린 이유는 '선화'로 그린 캐릭터를 어떻게 칠하는지, 어떤 식으로 배경을 완성해 나가는지 설명하고 싶었기 때문입니다. 이 책에서는 저 나름의 캐릭터 그리는 법을 몇 가지 소개했지만, 선화를 깔끔하게 그리지 않는 스타일은 일반적이지 않습니다. '선화'의 프로인 애니메이터가 그린 완성도 높은 선화를 받아서 그려보기로 했습니다. 에바라 씨에게는 '3점 투시 도법을 사용한 구도', '스팀펑크', '귀엽고 멋진 소녀'라는 내용만 전달했습니다.

에바라 씨에게 받은 '선화' ❶과 '밑색이 들어간 컬러 일러스트' ❷. '배경의 간단한 레이아웃' ❸까지 받았습니다. 이미 완성했다고 봐도 좋을 정도의 완성도입니다. 이제 배경을 그려 넣으면서 캐릭터도 채색해. 좀 더 매력적인 한 장의 일러스트를 목표로 작업에 들어갑니다.

Comment 에바라 야스유키 씨의 코멘트

오리지널 캐릭터 일러스트는 사실 평소 업무상 의외로 인연이 크게 깊지 않은데, 고민하면서도 즐거운 작업이었습니다. 제가 애니메이터인 것도 있지만, 포즈와 표정으로 '움직임'이 느껴지는 구도를 의식하면서 그려보았습니다.

02 투시안내선을 그린다.

레이어를 새로 추가하고 U-Pers 브러시로 캔버스 중앙을 클릭합니다. 변형(Ctrl+T)으로 늘여서 화면 안쪽에 첫 번째 소실점으로 향하는 투시안내선을 배치합니다. 배치한 안내선이 러프의 안쪽으로 향하는 선④와 대강 겹치도록 조절합니다⑤. 두 번째도 같은 조작으로 가로 방향의 러프 선인 ⑥과 겹치도록 투시안내선을 크게 왼쪽으로 늘입니다⑦. 세 번째 아래쪽의 소실점으로 향하는 선⑧과 일치하도록 배치합니다. 이것으로 3점 투시도법의 투시안내선을 완성했습니다⑨. 익숙하지 않을 때는 선이 너무 많아서 구분하기 쉽지 않기 때문에 3개의 투시안내선을 색으로 구분하면 좋습니다.

참조 Perspective : 3점 투시도법으로 건물을 그린다(p.168).

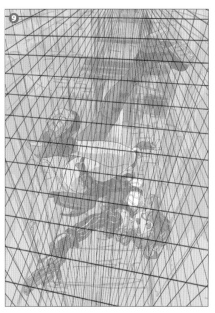

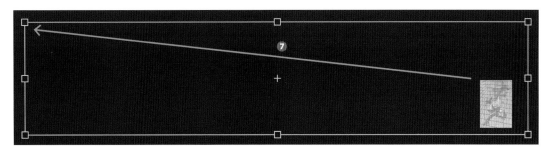

퍼스자를 설정한다.

신규 레이어를 작성하고 투시안내선에 퍼스자를 설정합니다. 방법은 'Perspective : 퍼스자 사용법(p.92)'을 참고하세요. 우선 화면 안쪽의 첫 번째 소실점⑩으로 향하는 투시안내선을 덧그려서 퍼스자를 적용합니다⑪⑫. 동일한 방법으로 화면 왼쪽에 있는 두 번째 소실점⑬에 퍼스자를 적용합니다⑭⑮. 기본적으로 퍼스자는 두 가닥의 직선을 그어, 선이 교차하는 점이 소실점입니다. 끝으로 세 번째 소실점⑯에 퍼스자를 적용합니다⑰⑱.

참조 Perspective : 퍼스자로 3점 투시도법의 건물을 그린다(p.170)

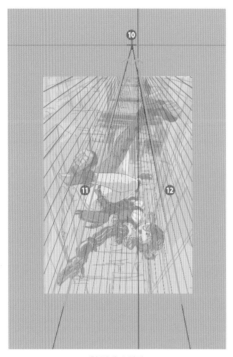

첫 번째 소실점

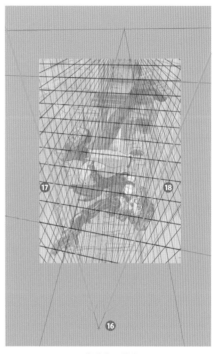

세 번째 소실점

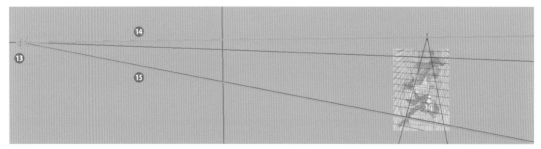

두 번째 소실점

▶ **Point** 퍼스자의 진가는 3점 투시도법에 있다.

퍼스자가 진가를 발휘하는 것은 3점 투시도법입니다. 3점 투시도법은 프리핸드로 그리려고 하면 여러 개의 소실점을 동시에 살펴야 해서 정확하게 그리기 어렵지만, 퍼스자를 사용하면 빠르고 정확하게 그릴 수 있습니다. 저는 Photoshop에서 그리다가도 퍼스자의 기능을 이용해 3점 투시도법을 그릴 때는 일시적으로 CLIP STUDIO PAINT를 사용할 정도로 중요한 기능입니다.

04 입체를 파악한다.

퍼스자를 설정한 레이어에 S-에 브러시를 사용해 정확한 원근의 직선 터치를 넣습니다 . 퍼스자를 설정해두면 프리핸드로도 정한 직선으로 보정해 줍니다. 색은 배경의 러프한 선의 색을 [스포이트] 도구로 추출해서 사용합니다.

이것을 배경의 입체감을 파악하기 위한 터치입니다. Scene 7에서는 배경을 스팀펑크의 도시를 생각했으나. 도시를 구성하는 빌딩 등의 요소는 단순하게 표현하면 상자입니다. 따라서 지금은 ⑳의 상자를 생각하면서 그림자를 넣으면 좋습니다. 어디까지나 작업의 편의를 위한 것이며, 그렇게 정확하게 그릴 필요는 없습니다.

▶Point 3점 투시도법은 단순한 입체 도형으로 이해하자.

3점 투시도법을 사용한 배경은 일반적으로 밀도가 높고 많은 요소를 그릴 때가 많습니다. 익숙하지 않으면 요소의 표면을 그리는 데 집중하게 되고, 3점 투시도법 특유의 박력 있는 공간을 표현할 수 없습니다. 이런 문제를 방지하려고 상자와 기둥 등, 요소를 단순하게 인식하는 것이 중요합니다. 러프 같은 초기 단계에서만 사용하는 방법입니다. 그리는 도중에 위화감이 있거나 신경 쓰이는 부분이 있을 때는 ⑳처럼 보조선을 그려서 다시 입체감을 확인해보면 좋습니다.

05 라이팅을 확인하고 대비를 더한다.

캐릭터의 라이팅을 확인합니다. 그림자의 형태를 보고 어느 방향에서 빛이 들어오는지 파악합니다. 오른쪽 이미지는 2개의 광원이 있습니다. 가슴 아래와 얼굴, 다리의 옆면㉑의 밝은 부분을 비추는 '카메라 정면의 빛'과 엉덩이와 등의 장치㉒에 있는 강한 하이라이트를 만드는 '캐릭터 등 뒤의 빛'입니다. 즉 캐릭터 뒤의 배경이 밝다는 뜻입니다.

[오버레이] 모드 레이어를 추가하고, S-Air 브러시로 밝은 파란색으로 캐릭터의 등 뒤를 밝게 칠합니다㉓. 파란색을 사용한 이유는 캐릭터의 색이 난색이기 때문입니다. 에바라 씨의 그림은 무척 선명하고 강한 선으로 그린 만큼. 배경의 색도 캐릭터에게 밀리지 않을 정도로 강한 대비가 필요합니다. 따라서 [곱하기] 모드 레이어를 추가하고 캐릭터 수위를 어눕게 처리해 대비를 높였습니다㉔.

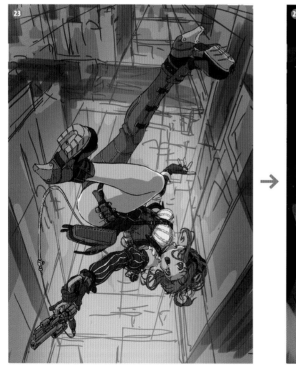

176

06 밑그림을 묘사한다.

S−O에 브러시로 캐릭터 뒤의 흰색 터치㉕를 넣습니다. 도시에서 새어 나오는 불빛을 표현한 것입니다. 이때 부드럽게 전체를 밝게 하지 않고, 새어 나온 불빛 가까이만 어두운 터치를 넣어 대비를 높이면 선명하고 멋있습니다.

같은 브러시로 빌딩 창문을 그립니다. 퍼스자를 ON으로 설정하고 브러시를 움직이면 편하게 정확한 선을 그을 수 있습니다. 빌딩을 그릴 때는 ㉖처럼 아래로 향하는 직선을 확실하게 묘사하면 높이를 강조할 수 있습니다. 만화의 집중선과 같은 원리입니다. 아직 러프 단계이므로 너무 세밀한 묘사까지 생각하지 않고, 어디에 무엇을 넣으면 좋을지 정도면 충분합니다.

또한, 이 그림에는 밑에서 위로 향하는 흐름㉗이 있으므로, ㉘의 위치에 배경의 축인 아치형 다리를 그려서 막을 수 있습니다.

▶Point◀ 배경의 축을 그린다.

배경이 메인이든, 캐릭터가 메인이든, 배경에는 전체를 지탱하는 축인 요소를 그려야 합니다. 축인 요소란 '여기는 이런 장소이며, 이런 세계다'라는 정보를 전달하는 것입니다. 이번에는 아치형 다리㉘입니다. 배경의 축은 판타지나 SF 등 현실과 다른 세계를 그릴 때 특히 중요합니다.

07 | 배경의 색감을 변경한다.

배경 레이어를 결합하고, [편집] 메뉴의 [색조 보정]→
[컬러 밸런스]로 하이라이트의 색감을 조절해 초록색
에 가까운 분위기로 변경합니다. 푸르스름한 빛이
강하면 스팀펑크의 분위기보다는 멋진 SF 분위기가
될 것 같아서 조절했습니다.

08 | 캐릭터의 그림자를 복잡하게 그린다.

[곱하기] 모드 레이어를 새로 작성하고 S-Air 브러시
로 ❸❶처럼 캐릭터의 그림자에 그라데이션을 넣습니
다. 빛이 닿는 부분까지 정보량을 높여버리면 입체감
이 강해지는 만큼, 캐릭터 특유의 평면적인 귀여움이
약해집니다. 빛이 닿는 부분은 그대로 두는 것이 포
인트입니다. 그림자에 추가한 그라데이션은 입체감을
표현하면서 귀여움을 잃지 않습니다.

다음은 그라데이션의 그림자를 E-S-Oil 브러시의
[불투명도 : 30%]로 설정하고, 조금씩 지우듯이 정리
했습니다. 지울 때 가장 중요한 포인트는 ❸❷처럼 빛
과 그림자의 경계 부분을 지우지 않고 남겨두는 것입니
다. 캐릭터 채색에서도 쓸 수 있는 테크닉으로 캐
릭터의 귀여움과 멋을 유지하면서 강한 입체감이나
선명함을 표현할 수 있습니다. 다리는 섹시함을 나
타내는 부분이므로 근육의 흐름이나 섹시함을 표현
하는 그림자를 남겨둡니다❸❸. 여기까지 그린 다음에
1주일 정도 그림을 묵혀두었습니다.

> **Point** ▶ **일본의 캐릭터는 보통 입체가 아니다.**

일본풍 캐릭터를 그릴 때 보통 입체를 그리는 것처럼
세밀한 음영을 묘사하면 지나치게 사실적으로 보여서
캐릭터 특유의 '개성'을 쉽게 표현할 수 없습니다. 이
유는 많은 일본의 캐릭터는 면(채색)이 아니라 선으로
윤곽을 그리는 것이 베이스이기 때문입니다. 따라서
입체를 면으로 그리는 기법으로는 위화감이 생기게
됩니다. 하지만 지금 소개한 그림자의 그라데이션, 빛
과 그림자의 경계에 강한 그림자를 넣는 테크닉은 위
화감을 줄여주는 효과가 있습니다. 캐릭터 일러스트
를 그리는 사람은 꼭 활용해보기 바랍니다.

09 구도를 과감하게 변경한다.

1주일 뒤에 다시 그림을 보니, 캐릭터가 뒤집힌 상태
라 눈이 혼란스럽다는 점을 알게 되었습니다. 한눈에
어떤 그림인지 인식하기 어렵다는 뜻입니다.

한 장의 일러스트는 첫인상이 무척 중요하므로, 과감
하게 구도를 대담하게 변경했습니다. [편집] 메뉴에서
[캔버스를 회전/반전]→[180도 회전]을 선택해 캔버
스를 방향을 변경했습니다❹. 큰 변화지만 위아래의
방향이 달라졌을 뿐이므로 원근은 그대로 쓸 수 있습
니다. 추가로 색의 강약이 약하다는 느낌이 들었습니
다. 배경의 색감을 컬러 밸런스로 채도가 높은 황록
색에 가깝게 보정했습니다.

캔버스를 회전하면 퍼스자도 함께 회전하므로 재설
정할 필요가 없습니다.

> **Memo** 고민될 때는 크게 바꾸자.
> 구도를 조금씩 바꾸다 보면 이도저도 아니게 될 때가
> 많습니다. 어떻게 해야 할지 알 수 없어집니다. 그럴
> 때는 그림 파일을 복제해 보험을 들어두고, 과감하게
> 구도를 변경합니다. 고민이 될 때는 단숨에 크게 바꿔
> 버리는 편이 결과적으로 그림의 완성도가 좋아지는
> 일이 많습니다.

10 캐릭터의 포즈에 의미를 더한다.

구도 변경으로 캐릭터가 공중에 뜬 근거가 약해져서,
적의 종탄을 피하는 장면을 생각하고 적과 발포 이펙
트를 추가했습니다. 이펙트❸는 정보량이 필요하므
로 거친 텍스처 질감이 있는 T-Pastel 브러시로 적❻
은 S-Oi 브러시로 그립니다. 실루엣으로 적을 표현
하고 싶어서 수상하게 반짝이는 눈과 갑옷 같은 방어
구가 특징인 디자인으로 그렸습니다.

11 캐릭터를 묘사한다.

레이어를 추가하고 S-애 브러시를 메인으로 캐릭터를 묘사합니다. ❸❼처럼 지금까지 그림자의 그라데이션뿐인 부분에 세밀한 그림자를 넣어 입체감을 표현했습니다. 그림자를 그릴 때는 p.178에서 설명한 빛과 그림자의 경계에 넣은 강한 그림자를 잊지 마세요.

이 그림에서는 얼굴 주위의 질감을 거의 생략했습니다. 캐릭터를 카메라로 찍었다고 생각하면 얼굴이 가장 멀리 있기 때문입니다. 반대로 카메라에 가까운 구두❸❽ 등은 표면의 손상처럼 세밀한 질감을 묘사했습니다. 질감으로 거리감을 표현한 것입니다.

질감이나 입체감을 묘사할 때에도 가장 중요한 포인트는 하이라이트를 넣는 방법입니다. 빛이 어떤 식으로 들어오는지 확실하게 파악하고, ❸❾, ❹⓿처럼 선명한 하이라이트를 넣어 그림의 완성도를 높입니다. ❹①처럼 눈과 얼굴의 윤곽 등 강조하고 싶은 부분은 하이라이트 바로 옆에 어두운 부분도 넣어서 대비를 높입니다.

▶Point◀ 전체의 입체감이 가장 중요

묘사를 하다보면 세밀한 입체감이 신경 쓰이지만, 가장 중요한 것은 머리라면 머리카락의 입체감이 아니라 머리 전체의 입체감입니다. 세밀한 표현도 중요하지만, 전체의 입체감이 없어지지 않도록 주의해야 합니다.

12 사진을 합성한다.

사진❹를 [오버레이] 모드로 배경에 합성하고, 배경의 정보량을 늘립니다❹.

사진 소재는 [파일] 메뉴의 [가져오기]→[화상]으로도 캔버스로 가져올 수 있지만, ❹처럼 [레이어] 창으로 바로 드래그하는 편이 빠릅니다.

가져온 사진은 화면 전체를 채울 정도로 키웁니다❹. 가져온 상태로 사진의 비율이 고정되어 있어서, [원본 화상 비율 유지]❹의 체크를 해제하는 편이 좋습니다. 사진 합성은 배경의 정보량을 간단히 높여주는 만큼, 고밀도의 배경을 그릴 때 자주 사용하는 테크닉입니다.

참조 Technique : 사진 합성과 색 합성(p.186)

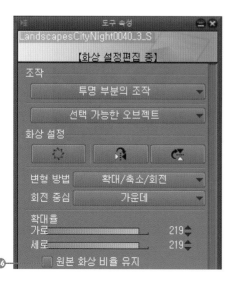

13 인식 그리기로 묘사한다.

사진 합성으로 정보량이 증가해, 묘사할 부분이 많아졌습니다. 예를 들면, ④처럼 검은 부분이 저한테는 '큰 입구가 있어서
어두워진 것'처럼 보였습니다. 그래서 레이어를 추가해 퍼스자를 ON으로 설정하고, S-에 브러시로 좌우의 벽❹을 묘사한 뒤
에 실제로 큰 입구가 있는 형태로 디자인했습니다. 이 테크닉을 '인식 그리기'라고 부릅니다. 인식 그리기는 자신의 인식, '여
기는 ○○으로 보인다'라는 인상을 그대로 그림으로 옮기는 기법이며, 자연물과 판타지 등 다양한 요소에 응용할 수 있습니다.

참조 Technique : 인식 그리기(p.188)

14 정보량을 정리한다.

배경을 묘사하다 보니 캐릭터가 눈에 잘 들어오지 않고, 그림의 상황을 쉽게 파악되지 않는다는 점을 알게 되었습니다49. [곱하기] 모드 레이어를 추가로 작성하고, S-Air 브러시로 어두운 회색을 올리고, 전체의 명암을 크게 낮췄습니다50. 어둡게 만들어 정보를 지우면 캐릭터는 돋보이지만, 반대로 밀도가 부족해졌기 때문에 51의 사진 소재를 [더하기] 모드로 합성하고 창문의 불빛을 추가했습니다. 야경의 불빛이 흐릿할 때는 [오버레이] 모드가 아니라 [더하기] 모드로 합성하면 빛이 그림에 그대로 반영되어 효과적입니다52.

15 배경을 좀 더 묘사한다.

일단 어둡게 조절한 배경을 S-에 브러시로 묘사합니다. 배경의 건물이 대부분 직선적이라 어색한 느낌이 들어서, 곡선의 창문을 추가하기로 했습니다. 창문은 일단 밑바탕이 될 밝은 녹색으로 간단히 형태를 잡습니다.  형태는 퍼스자를 ON으로 설정하고 프리핸드로 그렸습니다. 형태를 그린 뒤에 주위의 어두운색을 [스포이트] 도구로 추출해, S-에 브러시로 창문에 터치를 넣습니다. 포인트는 ❺처럼 유리와 기둥의 경계 부분을 밝게 하는 것입니다. 유리에 대해서는 Scene 5(p.154)를 참고하세요.

▶Point◀ 곡선과 직선의 밸런스

길거리에 위화감이 있을 때는 건물의 디자인이 직선이나 곡선 어느 한쪽 비중이 높을 때가 많습니다. 곡선의 건물이 많다면 직선의 건물을, 직선이 많다면 곡선을 넣는 식으로 전체의 밸런스를 보면서 디자인의 강약을 조절해야 합니다.

16 적을 그려 넣는다.

다음은 적 병사를 그려 넣고 밀도를 높였습니다. 그러나 병사는 어디까지나 조연이므로 너무 눈에 띄어도 곤란합니다. 따라서 묘사는 하이라이트와 실루엣 위주로 했습니다. 하이라이트❺는 총의 섬광을 반사하듯이 이펙트의 색을 [스포이트] 도구로 추출해서 사용합니다. 실루엣은 병사의 뒤를 밝게 조절해❺ 강조했습니다.

17 흰색 연기를 그려서 글레어 효과를 더한다.

캐릭터 뒤를 밝게 하고 싶었지만, 선명한 하이라이트를 넣어버리면 배경의 정보량이 너무 많아집니다. 그래서 스팀펑크다운 흰색 연기를 그려서 흐릿하게 밝은 이미지를 연출합니다. 캐릭터 레이어 아래에 신규 레이어를 작성하고, U-Cloud 브러시를 사용해 연기를 그렸습니다. U-Cloud 브러시는 구름 브러시지만, 연기도 간단히 그릴 수 있어 편리합니다. 다시 [더하기] 레이어를 추가하고 S-Air 브러시로 58 부근을 중심으로 터치를 넣어 글레어 효과를 표현합니다. 사람은 본능적으로 밝은 부분으로 시선이 가므로, 얼굴 주위를 밝게 합니다. 연기가 은은하게 밝아진 탓에 화면 아랫부분에 선명한 요소와의 강약이 생겼습니다.

참조 Point : 글레어 효과(p.47)

▶Point◀ **모든 요소로 밸런스를 잡는다.**

직선과 곡선, 선명함과 부드러움, 밝음과 어둠 등, 모든 요소에는 대비되는 표현이 존재합니다. 뭔가 위화감이 있거나 매력이 약한 작품은 부드럽기만 하고 선명한 부분이 없거나 어둡기만 하고 밝은 부분이 없는 식으로 대비가 되는 표현이 적고, 밸런스가 안 잡힌 것이 대부분입니다. 자신의 작품이 마음에 들지 않는다면 대비되는 요소를 제대로 표현했는지, 밸런스가 무너지진 않았는지 확인해 보면 좋습니다.

18 플래시업을 한다.

캐릭터를 중심으로 전체에 S-Oil 브러시, S-Pen 브러시, G-S-Oil 브러시로 묘사를 더하면 완성입니다. 특히 총이나 기계 등의 금속은 무척 선명한 하이라이트59와 부드러운 그림자60이 포인트이므로, S-Pen 브러시로 선명하게 그리고, G-S-Oil 브러시로 일부를 흐릿하게 다듬는 과정을 반복해 리얼리티를 높였습니다.

사진 합성과
색 합성

사진 합성과 색 합성은 그림의 정보량을 빠르게 늘릴 수 있는 편리한 테크닉입니다. 디지털 일러스트만의 기법입니다.

사진 합성이란?

사진 합성은 사진을 그림에 합성해 정보량을 만드는 기법입니다. 디지털 그림의 약점이 아날로그 그림에 비해 정보량이 적다는 점입니다. 아날로그 그림은 실체가 있으므로 종이의 굴곡이나 물감의 질감 등으로도 정보량이 높아집니다. 디지털 그림에도 아날로그 그림에 필적하는 정보량을 묘사해 약점을 극복할 수 있지만, 무척 시간이 걸립니다. 사진 합성은 실사의 높은 정보량을 이용해 묘사 시간을 줄일 수 있습니다. 이 책에서는 Scene 7과 Scene 8에서 사용했습니다.

• 사진의 저작권에 대해서

사진 합성 소재에는 직접 찍은 사진, 화상 소재 사이트에서 배포하는 사용 범위가 명확한 사진을 사용해야 합니다. 화상 검색으로 찾은 사진이나 타인이 인터넷에 올린 사진을 마음대로 사용하면 안 됩니다. 저작권을 침해하게 됩니다. 저작권 침해는 범죄입니다. 저작권에 관해서는 세심하게 주의해서 사용합시다.

화상 소재 사이트에서 무료로 제공하는 사진이라도, 상업 이용이나 가공은 할 수 없는 것도 있습니다. 화상 소재 사이트의 사진을 이용할 때는 그림의 합성에 사용해도 좋은지, 사용 범위를 확실하게 확인할 필요가 있습니다.

• 추천하는 화상 소재 사이트

textures.com
(https://www.textures.com/)

영화 '토이 스토리'를 제작한 PIXAR와 '반지의 제왕'을 제작한 weta 스튜디오 등에서도 사용하는 무척 신뢰도가 높은 사이트입니다. 회원 등록이 필요하지만, 무료로 사용할 수 있으니 꼭 이용해 보시기 바랍니다. 이 책에서 사용한 사진은 전부 이곳에서 받은 것입니다.

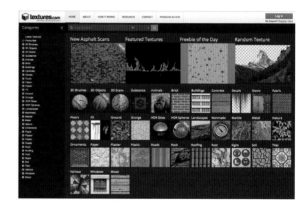

색 합성이란?

색 합성이란 그리는 도중에 그림에 자신의 다른 작품을 합성하는 기법입니다. 색의 다양함과 우연히 만들어지는 효과를 노린 것입니다. 아날로그 그림에서는 자연스럽게 일어나는 물감의 번짐이나 혼합을 디지털 그림에서 재현하기 어렵고, 대부분 아날로그 그림에 비해 색의 정보량이 적습니다. 그래서 자신의 작품을 합성하면 의도하지 않았던 변화나 우연을 만들어 낼 수 있습니다. 이 책에서는 Scene 5에서 사용했습니다.

• 그림 소재에 대해서

합성한 그림은 반드시 자신의 작품을 사용해야 합니다. 저작권 문제가 없는 작품이라도 다른 사람의 작품을 자신의 작품에 밑바탕으로 사용하는 행위를 혐오스럽게 생각하는 사람이 많아서 추천하고 싶지 않습니다.

소재 합성 방법

사진 합성이나 색 합성도 방법을 같습니다.

[01] 합성하는 사진, 또한 작품을 준비한다.

반드시 저작권에 문제가 없는 사진이나 자신의
작품을 합성 소재로 준비합니다.

[02] 캔버스에 불러온다.

[파일] 메뉴에서 [가져오기]→[화상]으로 캔버스
로 합성 재료를 가져옵니다. [레이어] 창으로 드
래그&드롭①로도 가져올 수 있습니다.

[03] 원하는 크기로 변형한다.

그대로 사용해도 되지만, ②를 드래그해 원하는
크기로 조절합니다. [도구 속성] 창에서 [원본 화
상 비율 유지]③의 체크를 해제하면 자유롭게 변
형할 수 있습니다.

[04] 레이어를 래스터화한다.

합성 소재 레이어의 ④ 부근을 마우스 오른쪽
클릭해, [래스터화]를 적용합니다. 이제 보정이
가능해졌습니다. 래스터화하면 아이콘⑤가 사라
집니다.

[05] 레이어를 [오버레이] 모드로 설정한다.

레이어 합성 모드를 [오버레이]로 설정하면 밑
바탕의 명암을 유지한 상태로 합성 소재의 정보
를 추가할 수 있습니다⑥. 합성 모드는 [곱하기]
나 [더하기] 등도 괜찮습니다. 합성한 뒤에 그림
을 어둡게 하고 싶을 때는 [곱하기] 모드, 야경
등에서 밝게 하고 싶을 때는 [더하기] 모드가 좋
습니다.

[06] [레벨 보정]으로 보정한다.

[편집] 메뉴의 [색조 보정]→[레벨 보정]으로 합
성의 강도를 조절합니다. 원하는 강도가 되었다
면 클립레이(p.41)를 실행하고 레이어의 합성을
적용하면 완성입니다.

인식 그리기

인식 그리기는 자연물부터 건물까지 다양한 것에 응용할 수 있는 방법입니다. 인식 그리기를 알아두면 작업 속도가 상당히 빨라집니다. 이번에는 인식 그리기를 사용해 숲을 그리는 방법을 소개합니다.

인식 그리기란?

인식 그리기란 '~처럼 보인다'는 자신의 인식을 그대로 그림으로 옮기는 기법입니다. 예를 들어 A가 바위로 보인다면 바위를, 성으로 보인다면 성으로 그립니다. 자신의 발상에 없는 것을 그릴 수 있어서, 불규칙한 느낌이 중요한 자연물이나 컨셉 아트에 적합합니다.

인식 그리기를 사용한 숲 그리는 법

인식 그리기의 특징은 자신의 발상에 없는 형태나 자연스럽게 불규칙한 느낌을 만들 수 있는 것입니다. 이번에는 인식 그리기를 사용해 숲을 그려보겠습니다. 전혀 새로운 형태에서 '여기에 ~을 그린다'라고 정해두면 숲의 다양한 식물과 자연의 불규칙한 느낌을 표현하기 어렵기 때문에 인식 그리기를 사용하는 방법을 추천합니다.

[01] 회색으로 밑그림을 그린다.

S-에 브러시로 적당한 회색으로 밑그림을 그립니다. 숲의 밑그림을 그리는 요령은 안쪽을 밝게 하고 싶을 때는 앞쪽을 어둡게, 앞쪽을 밝게 하고 싶을 때는 안쪽을 어둡게 처리하는 식으로 대비를 더하는 것입니다. 이번에는 안쪽을 밝게, 앞쪽을 어둡게 했습니다①. 안쪽을 어둡게 하면 불길한 인상이 되므로, 호러의 분위기를 연출하고 싶을 때 사용해보세요.

[02] [오버레이] 레이어로 채색한다.

[오버레이] 모드 레이어를 추가하고, 빛의 색을 노란색~오렌지색, 그림자 색을 파란색을 의식하면서 S-에 브러시로 채색합니다②. 녹색은 의도적으로 사용하지 않고, 노란색+파란색을 섞어서 녹색으로 보이도록 그리는 것이 색채가 풍부한 숲을 그리는 요령입니다.

[03] 색 합성을 한다.

[파일] 메뉴의 [가져오기]→[화상]으로 캔버스에 Scene 2의 작품을 가져와, [곱하기] 모드로 설정합니다③. 레이어 모드는 기본적으로 [오버레이]를 주로 사용하지만, 이번에는 밑바탕이 밝아서 [곱하기] 모드로 어두워지게 합니다. 이대로는 캐릭터의 얼굴이 너무 또렷해서, [필터] 메뉴의 [변형]→[파형]을 적용하고 전체가 왜곡되게 합니다④. 파형 필터의 수치는 원하는 대로 설정해도 상관없습니다. 인식 그리기는 기본적으로 사진 합성이나 색 합성을 함께 사용할 때도 많습니다. 합성에 따라서 나타나는 의도하지 않았던 변화나 우연을 이용할 수 있기 때문입니다.

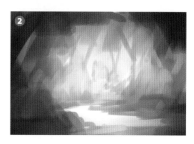

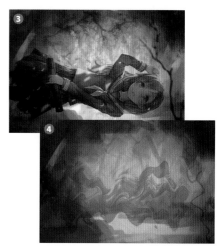

[04] 자신의 인식을 관찰한다.

합성한 상태에서 자신의 눈에는 어떤 식으로 그림을 인식하는지 잘 관찰합니다. 저는 ❺를 자세히 보다가 ❻에서 흰색으로 그린 듯한 잎이 우거진 형태로 인식했습니다. 인식 그리기는 자신이 어떤 식으로 그림을 보는지 자각하는 것에서 시작합니다.

[05] 터치를 넣어 인식한 형태에 가까워지게 한다.

T-Sakuyo 브러시로 터치를 조금씩 넣어, 인식한 것을 좀 더 구체적으로 잡아 나갑니다❼. 터치는 Scene 5에서 소개한 나무 그리는 법(p.133)을 참고하세요. 이 단계의 포인트는 무턱대고 많이 그리지 않는 것입니다. 적당한 터치를 넣어가다 보면, 자신의 인식과 다른 형태가 되고, 처음에 인식까지 흐려질 수 있으므로, 가능한 적은 터치로 의도한 형태에 가깝게 그려야 합니다.

[06] 채도를 높이고 묘사한다.

색이 탁한 듯해서 [편집] 메뉴의 [색조 보정] → [색조/채도/명도]를 선택해 채도를 높입니다❽. 어느 정도 선명해진 뒤에 T-Sakuyo 브러시로 점을 찍듯이 잎의 덩어리를 그려 넣습니다❾. 추가로 ❿의 풀은 T-Line 브러시를 위에서 아래로 움직이면 간단히 그릴 수 있습니다. 숲은 나무와 풀이 밀집된 장소인 만큼, 'Technique : 나무 그리는 법(p.132)'과 'Technique : 초원 그리는 법(p.130)'을 참고하면 좋습니다.

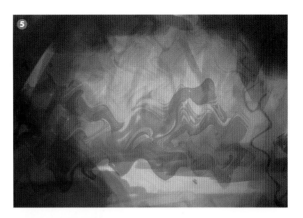

바닷바람이
부는 도시

광활한 세계를 그린다.

❶ 러프

❷ 3D 모델 배치

❸ 러프 선화

❹ 채색

❺ 배경 묘사

❻ 완성

8

바닷바람이 부는 도시

원근을 의식하고 여러 번 그림을 그리다 보면 마치 투시안내선이 보이는 것처럼 됩니다. 이번에는 그렇게 되는 것을 목표로 투시안내선을 사용하지 않고 넓고 기분 좋은 배경을 그립니다. CLIP STUDIO PAINT에서 3D 모델 활용하는 법과 해변 그리는 법, 산 그리는 법을 소개합니다. 또한, 지금까지의 내용을 정리할 겸 구름과 하늘 등의 기본적인 요소를 추가했습니다. 판타지나 SF와 다른, 어느 한순간의 조금 특별한 느낌을 작품으로 만들었습니다.

 2508×3541px

 약 12시간

메이킹

01 실루엣 러프를 그린다.

Scene 8에서는 이 책의 표지 일러스트를 그립니다. Scene 5에서도 표지 일러스트를 그리려고 시도했으나, 배경 일러스트다운 장대함을 쉽게 표현하기 위해 실외 일러스트로 하고 싶다고 생각해 선택하지 않았습니다. 다시 이 책의 테마인 '캐릭터를 살리는 배경'을 생각하고 좀 더 캐릭터를 크게 그리기로 하고, 많은 러프를 그렸습니다. 예를 들어 아래의 2가지는 도중에 제외한 것입니다. 러프는 전부 S-Oil 브러시로 실루엣부터 그렸습니다.

- 남녀가 손을 잡고 제방
  을 달리는 이미지
  키워드 :
  속도감, 캐릭터의 움직임
  제외 이유 :
  띠지가 있으면 속도감이
  나타내기 어렵다.

- 남녀가 자전거로 해변
  의 언덕길을 내려가는
  이미지
  키워드 :
  3D 모델, 언덕, 청춘
  제외 이유 :
  임시 채색까지는 했지만,
  배경에 시선을 끌만한 요
  소가 없다.

러프를 끝내고 그리다가도 납득이 가지 않을 때는 버리고 처음부터 다시 시작합니다. 이렇게 진행하던 도중에 해변에서 자전거를 끌고 가는 소녀가 메인 캐릭터인 러프❶에 도달했습니다.

러프 시점에서는 눈높이❷를 기울여 띠지에 방해받지 않는 움직임이 있다는 점과 캐릭터와 자전거의 실루엣이 심플하고 알기 쉬워서 계속 진행했습니다.

단, 아직 이 일러스트를 선택하기로 정한 것은 아닙니다. 러프를 진행하는 동안 배경에 공중도시라는 강력한 요소를 그리는 아이디어가 떠올랐고, 캐릭터 디자인도 정리가 되어서, 채색하면서 확신이 생겼습니다.

> **Memo 눈높이를 기울인 구도**
> 눈높이를 기울이면 촬영하는 카메라를 오른쪽 또는 왼쪽으로 기울인 것과 같습니다. 투시안내선을 배치한다면 기울어진 눈높이에 일치해야 합니다. 이번에는 첫인상이나 그림의 분위기를 우선한 작품을 그리고 싶어서, 투시안내선을 사용하지 않았습니다. 투시안내선을 사용하면 정확한 그림은 그릴 수 있지만, 모티브에 따라서는 그림의 분위기나 느낌을 잃어버리는 일도 있습니다.

3D 자전거를 배치한다.

[소재] 창에서 검색 박스❸에 'Bicycle'이라고 입력하면 자전거의 3D 모델이 표시됩니다. ❹를 캔버스로 드래그하면 레이어가 작성되고, 캔버스에서 3D 모델을 조작할 수 있습니다(PC로 다운로드하지 않은 소재는 클라우드에서 다운로드 여부를 확인하므로 [OK]를 클릭해 다운로드한 뒤에 다시 드래그하세요).

3D 모델 위의 아이콘❺를 드래그하면 회전, 이동, 축소 등의 조작이 가능합니다. 그러면 자전거의 러프와 일치하도록 3D 자전거를 조작합니다. 이후에 모델 레이어❻을 마우스 오른쪽 클릭해서 래스터화(표준 레이어로 변환)를 적용하면 모델에서 정확한 실루엣❼을 작성할 수 있습니다. 지금은 러프에 일치시키고 회색으로 채웠지만, 3D 모델의 색이 들어간 레이어를 복제하고 남겨두었습니다.

> **Point** **3D 소재 활용법**

CLIP STUDIO PAINT에서는 3D 소재를 다수 제공합니다. 소재는 3D 모델 레이어로 배치되고, 래스터화를 적용하면 표준 레이어로 변환할 수 있습니다. 따라서 특히 자전거처럼 세밀한 요소는 3D 모델을 원하는 크기와 각도로 배치하고, 레이어를 래스터화한 뒤에 그 위에 그리는 방법도 유용합니다. 3D 모델을 정확한 밑그림으로 이용하면 복잡한 사물도 무척 편하게 묘사할 수 있습니다.

03 공중도시를 그린다.

화면 안쪽에 하늘에 공중도시를 그립니다. 우선 캐릭터와 배경의 실루엣 레이어 아래에 레이어를 추가하고, S-Oil 브러시로 큰 적란운을 그립니다❽. 적란운 위에 ❾처럼 공중도시의 실루엣을 그렸습니다. 구름 앞에 캐릭터, 구름 안쪽에 공중도시를 배치해 대비를 높이고, 각각의 요소가 눈에 띄도록 고민하면서 배치했습니다.

04 캐릭터의 러프 선화를 그린다.

S-Oil 브러시를 사용해 캐릭터의 러프 선화를 그립니다❿. 선화뿐만 아니라 진한 색의 옷과 그림자 부분은 브러시를 키워서 칠하고, 전체의 실루엣을 잡습니다. 캐릭터 디자인은 현대풍으로 했습니다. 공중도시가 있는 세계지만 먼 미래는 아니며, 완전한 판타지 세계와도 다른 약간 현실과 동떨어진 세계라는 이미지였습니다.

05 채색을 한다.

[오버레이] 모드 레이어를 추가하고, S-에 브러시로 채색합니다. 오른쪽에서 석양이 비추는 이미지로 구름과 도시, 캐릭터 등에는 노란색, 하늘과 바다는 같은 중간색인 파란색으로 칠했습니다. 바다는 반사를 표현하려고 ⑪ 방향으로 브러시를 움직였습니다. 간단하게 채색한 뒤에 [오버레이] 레이어를 러프 레이어 위로 옮기고, 클리핑을 적용해 색을 반영합니다.

> **Point** **물의 반사는 눈높이의 수직 방향이다.**

물의 반사를 표현하고 싶다면 눈높이⑫에서 수직 방향으로 브러시를 움직이면 됩니다. *Scene* 8에서는 눈높이가 기울어져 있어서, 기울기에 맞춰서 비스듬하게 브러시를 움직일 필요가 있습니다.

06 묘사로 사실감을 높인다.

S-에 브러시의 [불투명도 : 80%]로 설정하고 터치를 넣어, 사실감을 높였습니다. [오버레이] 모드 레이어에 채색을 한 상태는 아직 모호한 인상이므로, 불투명도를 높게 설정한 브러시로 선명한 부분을 만들어 사실감을 높여야 합니다. 특히 얼굴과 머리카락의 하이라이트, 구름 오른쪽, 도시의 오른쪽 등의 빛이 닿는 부분⑬을 중점적으로 칠했습니다. 하늘⑭는 T-Pastel 브러시로 진한 파란색을 칠했습니다. 하늘의 색을 진하게 하면 간접적으로 도시의 실루엣을 강조할 수 있습니다.

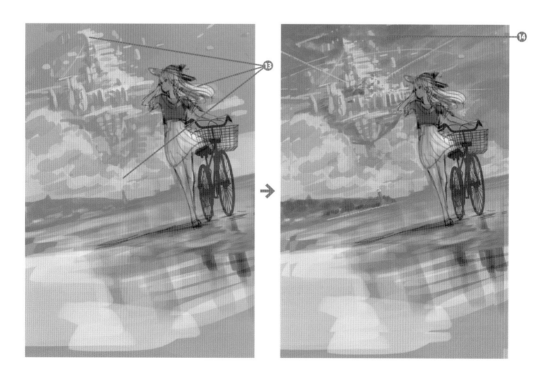

07 캐릭터를 묘사한다.

S-Oil 브러시, S-Sakuyo 브러시로 캐릭터를 그립니다. S-Oil 브러시로 스커트나 셔츠 등의 몸통 부분에 매끄러운 입체감을 표현하고, S-Sakuyo 브러시로 작게 선명한 터치❶를 넣어 셔츠의 주름을 표현합니다. 이미 캔버스에 있는 색을 [스포이트] 도구로 추출해서 사용했습니다. 예를 들어 셔츠라면 밝은 부분은 ❶의 색을, 어두운 부분은 ❶의 색을 사용하면 됩니다. 캔버스에 이미 있는 색은 그림의 공간에 자연스럽게 녹아든 색이므로 컬러써클에서 새로 추가하는 것보다 사용하기 쉽습니다.

08 모래사장을 그린다.

T-Pastel 브러시로 색은 밝은 노란색~오렌지색을 사용해 해변을 그립니다. 브러시는 ❶처럼 지그재그로 움직입니다. 해변은 깊이를 표현하기 어렵지만. 이 터치를 사용하면 깊이를 쉽게 표현할 수 있습니다. 해변 덕분에 앞쪽에서 안쪽으로 향하는 흐름이 생겨 깊이가 더 강하게 느껴집니다.

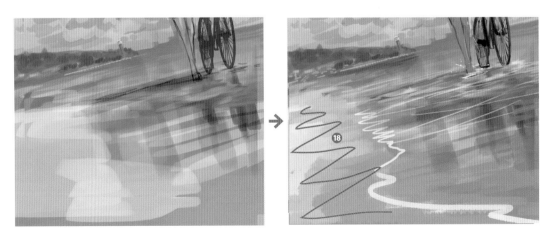

09 사진 합성을 한다.

공중도시 부분에 사진을 합성해 질감을 높입니
다. ❶의 사진을 [파일] 메뉴의 [가져오기] → [화
상]으로 캔버스로 가져옵니다. 사진 레이어를 래
스터화하고, 레이어 모드를 [오버레이]로 설정합
니다. 변형(Ctrl + T)으로 위치와 크기를 조절
하고 공중도시에 겹칩니다. 추가로 [편집] 메뉴
의 [색조 보정] → [레벨 보정]으로 대비를 조절해
어느 정도 사진의 정보가 남도록 조절했다면, 끝
으로 하늘을 벗어난 부분❷을 E-S-Oil 브러시
로 지우고 공중도시에만 합성되도록 합니다❷.

참조 Technique : 사진 합성과 색 합성(p.186)

Point 어떤 사진을 합성에 사용하면
좋을까?

기본적으로 모티브에 맞는 사진을 선택합니다.
이번에는 공중도시가 모티브였으므로, 집이나
창문의 정보가 많이 있는 사진❶를 사용했습니
다. 숲을 그리고 싶을 때는 숲 사진, 풀을 그리고
싶을 때는 초원 사진을 합성하면 좋습니다. 단,
일부로 그리고 싶은 것과 다른 모티브의 사진을
합성하면, 자신의 발상에 없었던 형태를 만들어
내는 테크닉도 있습니다.

↓ 사진 합성

10 공중도시에 2종류의 묘사를 한다.

공중도시의 정보량을 늘리는 묘사와 줄이는 묘사를 합니다.

• 정보량을 늘리는 묘사

S-Sakuyo 브러시의 [불투명도 : 90%]로 설정하고 정보량이 늘어나게 묘사를 합니다. 밑바탕에 생긴 함몰된 부분22에 어두운색의 터치23을 넣어 입체감을 더 강해지게 합니다. 밝은 부분과 어두운 부분의 경계에 강한 그림자를 넣으면, 대비와 입체감이 강해지고 선명한 인상이 됩니다. 이것은 Scene 7의 캐릭터 채색법(p.178)과 같은 원리입니다.

• 정보량을 줄이는 묘사

S-Oil 브러시로 사진 합성으로 생긴 정보량을 줄이는 묘사를 합니다24. S-Oil 브러시의 매끄러운 터치로 사진 합성의 거친 부분을 다듬어 정보량을 줄입니다. 일부러 덧칠해 정보량이 많은 부분과 적은 부분의 차이를 만듭니다.

▶Point◀ 줄이는 묘사

보통 묘사란 정보량을 늘리는 거라는 고정관념이 있는데, 사진 합성을 하면 오히려 정보량을 줄이는 묘사가 중요합니다. 사진 합성은 정보량을 단숨에 크게 늘릴 수 있지만, 어디까지나 전체에 균일하게 들어갑니다. 여러 번 반복해서 설명했듯이, 그림의 매력은 정보량이 높은 부분과 낮은 부분의 차이로 만들어집니다. 따라서 사진 합성만으로는 매력적인 표현을 할 수 없습니다.

11 갈매기를 그린다.

캐릭터를 강조하면서 활기찬 분위기와 움직임이 느껴지는 요소가 있었으면 해서, 캐릭터 레이어 아래에 신규 레이어를 작성하고, S-Oil 브러시로 갈매기를 그립니다. 갈매기의 특징은 날개 끝의 검은 부분❷과 전체의 흰색 실루엣입니다. 우선은 밑그림이 될 흰색으로 대강 실루엣을 그립니다❷. 기본적으로 상세하게 묘사한 갈매기는 가장 앞에 있는 한 마리뿐입니다. 이 그림은 갈매기가 주역이 아니기 때문입니다. 그림 속 갈매기의 역할은 캐릭터를 돋보이게 하고, 움직임을 더하는 것입니다. 정보량은 흰색 실루엣만으로도 충분하며, 불필요한 묘사는 실루엣이 도드라져 오히려 방해가 됩니다.

12 구름을 묘사한다.

S-Oil 브러시, G-Paper 브러시를 사용해 구름을 묘사합니다. 구름은 공중도시의 규모를 강조하는 역할이므로, 특히 거대하게 보여줄 필요가 있습니다. 따라서 ❷의 색을 [스포이트] 도구로 추출해, S-Oil 브러시로 ❷처럼 구름의 덩어리를 그립니다. 그러면 실루엣이 겹친 부분이 생기고 깊이를 한층 더 강하게 표현할 수 있습니다.

적란운의 아랫부분❷는 G-Paper 브러시로 가로 방향으로 흐릿하게 다듬으면서 긴 터치를 넣습니다. 풍성한 구름의 윗부분과 아랫부분의 대비로 강약을 만듭니다.

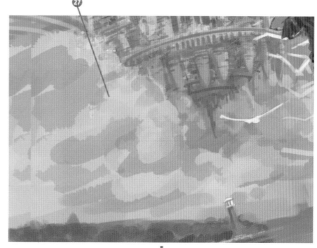

8

바닷바람이 부는 도시

13 파도의 가장자리를 그린다.

파도의 가장자리는 다양한 자료를 참고해서 그렸습니다. 자료는 Google 이미지 검색으로 '해변', '파도' 등의 키워드로 검색합니다. 포인트는 한글 이외에 영어로도 검색하는 것입니다. 저는 'wave beach' 등으로 검색했습니다. 영어로 검색하면 한글보다 몇 배 이상의 자료를 모을 수 있습니다. 많은 자료를 검토하면서 발견한 3가지 포인트로 그렸습니다.

> **Point** 파도 가장자리의 3가지 포인트

• 젖은 모래의 색은 진하게 한다.

가장 놓쳐서는 안 되는 포인트인데, 해변의 모래는 물에 젖으면 색이 진해집니다. 거친 질감이 필요해서 T-Pastel 브러시를 사용해 약간 진한 오렌지색으로 그립니다❸⓪. 단순하게 명도를 내리면 어두운 인상이 되지만, 채도가 높은 색을 진하게 칠하면 밝은 인상을 유지할 수 있습니다.

• 마름모의 거품

해변에는 파도의 영향으로 해수의 거품이 생깁니다. 물보다는 흰색 거품을 그린다고 생각하면 그리기 쉽습니다. 주로 T-Pastel 브러시, S-Oil 브러시를 사용해 거품 부분과 거품이 흩어지는 부분을 표현합니다. 가장 중요한 것은 거품 전체의 마름모입니다❸①. 이 형태를 의식하면서 그리면 깊이와 파도의 형태를 표현할 수 있습니다.

• 녹색과 노란색을 활용한다.

바다라고 하면 파란색이라는 이미지가 강하지만, 수심이 깊어질수록 노란색❸②, 녹색❸③, 파란색❸④로 색이 달라집니다. 노란색과 녹색을 물의 수심에 따라서 구분할 필요가 있습니다. 노란색은 모래의 색이 보이기 때문이고, 녹색은 모래와 물의 파란색이 섞인 색, 파란색은 하늘의 색을 반사한 것이라고 생각하면 표현하기 쉽습니다.

> **Point** 사진 자료 활용법

이미지 검색 등으로 발견한 사진 자료를 그대로 텍스처로 사용하거나 트레이싱 자료로 사용하면 안 됩니다. 저작권 침해입니다.

그러나 자료로 활용은 가능합니다. 이번에 추천한 사진 자료 활용이란 모티브의 특성과 패턴을 찾는 것입니다. 그리고 싶은 사물이 어떤 색, 형태, 질감인지 관찰할 뿐만 아니라, 숨겨진 패턴과 가장 그럴 듯하게 표현할 수 있는 특징을 찾습니다. 패턴과 특징을 찾으면 사진 자료와는 전혀 다른 구도와 장면을 그릴 때에도 자신만의 표현으로 활용할 수 있습니다. 그리고 싶은 것이 있다면 자료를 모아서 잘 관찰하고, 참고하는 것이 실력 향상의 지름길입니다.

14 물의 움직임을 그린다.

S-Pen 브러시, G-Finger 브러시를 사용해 물의
움직임을 그립니다. 파도와 마찬가지로 Google
이미지 검색 등으로 'water drop'으로 검색하고,
사진을 많이 참고해 특징과 패턴을 찾으면서 그
립니다.

포인트는 급격하게 튀어 오르는 부분⑤와 퍼지
는 부분⑥의 대비입니다. 우선은 S-Pen 브러시
로 가볍게 흰색 호를 그리듯이 물이 튀어 오르
는 윤곽선을 그립니다. 흰색을 사용한 이유는 반
사를 강조하기 위해서입니다. 추가로 점을 찍듯
이 물보라⑦을 그려두면 좋습니다. 화면 전체에
서 보면 상당히 작아서 반사를 강조하는 표현으
로 '물이 튀어 오르는 모습'을 알기 쉽게 그립니
다. 물이 퍼지는 부분은 ⑧의 색을 G-Finger 브
러시로 흐릿하게 다듬으면 간단하게 표현할 수
있습니다.

15 컬러 밸런스로 색을 보정한다.

전체가 푸르스름해 약간 추운 인상이므로, [컬러
밸런스]의 색조 보정 레이어를 작성하고, 하이라
이트의 색을 ⑨처럼 조절했습니다. 하이라이트
의 색이 따뜻한 느낌으로 바꿔서, 푸른 하늘과의
대비로 단숨에 밝은 인상이 되도록 했습니다⑩.

> **Point** 난색과 한색으로 강약을 만든다.

색이 선명한 그림을 그릴 때는 '그림자가 한색,
하이라이트는 난색' 혹은 '그림자가 난색, 하이라
이트는 한색'으로 그리는 식으로 그림자와 하이
라이트의 색 차이를 이용합니다. 색채의 차이로
색이 선명하면서 매력적인 그림을 만들 수 있습
니다.

16 캐릭터의 그림자를 강하게 한다.

캐릭터와 배경의 구분이 너무 약해. 그림의 인상도 약해진 느낌이므로, 캐릭터의 레이어에 [오버레이] 모드 레이어를 클리핑 마스크로 씌워 그림자가 강해 지게 합니다.

우선은 배경과 색 차이가 도드라지게 S-Air 브러시 의 [불투명도 : 30%]로 설정하고 캐릭터 왼쪽에 보라 색~파란색을 올려서 강조합니다. 다음은 E-S-Air 브러시로 ④ 부분을 약간 깔끔하게 지우고, 그림자에 강약을 더합니다. 구체적으로 사용한 색은 [오버레 이] 모드 레이어를 구분하기 쉽게 표시한 ④를 참고 해주세요.

▶ Point **그림자는 데포르메(변형)한다.**

캐릭터 그림자의 데포르메를 의식합니다. 이 그림에 서는 ④처럼 그림자를 직선적으로 수정했습니다. 정 확하게는 목이 원기둥이므로 이렇게 직선인 그림자 가 생기지 않지만, 이번에 과감하게 직선으로 그린 이유는 전체적으로 더 보기 좋기 때문입니다. 묘사 하면서 그림을 그리는 일에 지나치게 집중한 나머지, 러프에서 자연스럽게 생긴 형태를 지워버리는 일도 흔하니 주의해야 합니다.

↓

17 전체를 묘사한다.

전체를 묘사합니다. 너무 손대고 싶지 않아서 '지상의 마을'과 '자전거'만 다듬었습니다.

• 지상의 마을

가장 눈에 띄는 등대는 그림자 색을 진하게 처리하면서❹❹ S-Pen 브러시의 [불투명도 : 100%]로 설정하고 흰색 터치를 넣어 인상이 선명해지게 합니다. 마을과 산은 그렇게 중요하지 않으므로, 밑바탕에 있는 브러시 자국❹❺를 보강하는 느낌으로 S-Sakuyo 브러시를 사용해 점을 찍듯이 터치❹❻을 넣어, 살짝 입체감을 높입니다. 마을의 건물은 석양을 강하게 반사한다고 생각하고 S-Pen 브러시로 흰색 하이라이트❹❼만 넣고, 크게 묘사는 하지 않습니다.

> **참조** Technique : 산 그리는 법(p.204)

• 자전거

타이어가 너무 가늘어서 사진 자료를 참고해 S-Oil 브러시로 굵게 조절합니다. 자전거의 재질은 금속이므로 반사의 강조가 중요합니다. 빛의 방향을 생각하면서 반사하는 부분❹❽에 S-Pen 브러시로 강한 하이라이트를 넣고, 핸들의 구부러진 부분 등은 G-S-Oil 브러시로 흐릿한 금속 그라데이션을 표현합니다.

↓

18 글레어 효과로 완성한다.

[더하기] 모드 레이어를 작성하고 S-Air 브러시로 캐릭터의 머리카락과 스커트에 오렌지색으로 터치를 넣어, 글레어 효과를 표현하면 완성입니다❹❾.

산 그리는 법

중경과 원경의 산 그리는 법을 설명합니다. 중경은 짙은 녹색의 색. 원경은 알프스 산맥처럼 눈 덮인 설산을 그립니다.

📎 중경의 산을 그린다.

[01] 회색으로 밑그림을 그린다.

T-Pastel 브러시의 [불투명도 : 60%]로 설정하고 호를 그리듯이 브러시를 움직여❶. 밑그림을 그립니다. 브러시의 불투명도를 낮추는 것이 포인트입니다. 색이 겹치는 부분 ❷는 나무가 우거진 음영입니다. 색은 어두운 회색을 사용하면 좋습니다.

[02] 오버레이에서 채색한다.

[오버레이] 모드 레이어를 작성하고, 중간색인 녹색❸을 사용해 전체를 채색합니다. 회색 음영이 들어간 상태이므로 S-Oil 브러시로 가볍게 문지르듯이 색을 올리면 자연스러운 녹색의 산이 됩니다.

[03] 그림자를 선명하게 그린다.

S-Sakuyo 브러시의 [불투명도 : 70%]로 설정하고, 그림자 부분에 지그재그로 터치❹를 넣어 그림자가 선명해지게 합니다. 흐릿한 그림자가 선명해지면 리얼리티가 생깁니다. 나무의 아래쪽❺는 가로 방향으로 브러시를 움직이는 것이 포인트입니다. 이번 터치는 산 사이의 경계를 나타냅니다.

[04] 묘사로 완성도를 높인다.

S-Oil 브러시의 [불투명도 : 70%]로 설정하고 침엽수, 지면과 산의 경계❻을 중점적으로 묘사해, 전체의 완성도를 높입니다. S-Oil 브러시로 거친 질감을 매끄럽게 다듬고, 밋밋한 부분과 복잡한 부분의 대비를 만듭니다. 최대한 밑그림의 장점이 남도록 다듬어야 합니다. 묘사한 부분만 따로 구분한 ❼을 보면, 최소한의 묘사만 했다는 것을 알 수 있습니다.

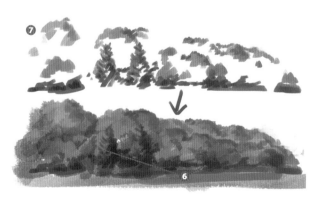

원경의 산을 그린다.

[01] 회색으로 밑그림을 그린다.

레이어를 2개 작성하고, 첫 번째 레이어에는 S-Air 브러시로 흰색과 회색의 그라데이션 ❽을 만듭니다. 이것이 하늘입니다. 두 번째 레이어에 S-Oil 브러시를 사용해 산의 실루엣을 그립니다. 브러시의 터치가 겹친 부분 ❾가 산의 음영을 표현하는 포인트입니다.

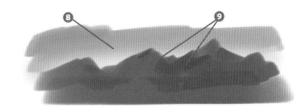

[02] 채색하고 흰색으로 눈을 그린다.

[오버레이] 모드 레이어를 작성하고 S-Oil 브러시로 산의 중간색인 파란색❿으로 채색합니다. 원경의 산은 공기원근법의 영향으로 하늘의 색을 크게 반영하므로, 하늘과 산은 같은 파란색으로 칠하면 자연스럽습니다. 다음은 T-Sakuyo 브러시로 산에 쌓인 눈을 흰색으로 그립니다. 산의 경사면을 따라서 쌓인 모습을 생각하면서 팔(八)자⓫로 터치를 넣습니다.

[03] 곱하기에서 음영을 넣는다.

[곱하기] 모드 레이어를 작성하고 S-Oil 브러시로 산의 음영을 넣습니다. 밝은 회색⓬를 사용합니다. 왼쪽에서 빛이 들어오므로, 의식하면서 오른쪽에 그림자를 그려 넣습니다. 포인트는 빛을 가로막는 옆에 있는 산의 그림자⓭을 그리는 것입니다. 이것만으로도 한층 리얼리티가 강해집니다. [곱하기] 모드를 사용하는 이유는 산 표면과 눈 부분의 그림자⓮를 손쉽게 표현하기 위해서입니다. 표준 레이어로는 두 부분의 대비를 조합하기가 의외로 어렵습니다.

[04] 묘사한다.

S-Sakuyo 브러시로 눈과 바위 표면에 작은 터치를 넣어 정보량을 높입니다. 밑그림은 이미 완성된 상태로, [스포이트] 도구로 색을 추출해 그리는 작업을 반복합니다. 빛이 닿는 부분⓯의 눈에 선명한 흰색을 올리면 전체의 완성도가 높아집니다.

> **Memo** 원경의 녹색이 풍부한 산 그리는 법
>
> 원경의 설산 그리는 법을 설명한 이유는 녹색의 산보다 설산이 어렵기 때문입니다. 설산은 흰색과 표면의 색을 산의 음영에 맞출 필요가 있지만, 녹색의 산은 녹색 한 가지로만 음영을 넣으면 됩니다. 설산 그리는 법을 마스터하면 색을 파란색에서 녹색에 가깝게 조절하기만 해도, 녹색의 산도 전혀 문제없이 그릴 수 있습니다.

집필 후기

끝까지 읽어주셔서 대단히 감사합니다. 요-시미즈입니다.

집필 과정이 순탄치 않았는데, 어떠셨습니까? 모든 브러시를 제공하고, 브러시를 중심으로 설명해 앞서 출간한 책과 최대한 구별되도록 노력했습니다.

'캐릭터를 살리는 배경 그리기 노하우'라는 제목처럼 캐릭터가 있는 배경을 그리는 것을 주제로 썼지만, 캐릭터를 그리는 사람에게 배경을 그리는 방법과 매력이 잘 전달되었으면 합니다. 이 책의 브러시는 자신 있게 추천하고 싶습니다. 이번 기회에 배경에도 도전해 보셨으면 좋겠습니다. 캐릭터만으로 매력을 표현할 수 있는 사람이 배경도 그릴 수 있다면 두려울 것이 없습니다.

초보자도 이해할 수 있도록 최대한 원리를 상세하게 썼습니다. 그러나 실제로 읽어보고 '그림을 그릴 때 이렇게 많은 생각을 하는 거야? 어렵잖아!'라고 생각하실 분도 계실 거라고 생각합니다. 그림은 모든 이론을 일일이 생각하면서 그리느냐 하면, 당연히 대답은 NO입니다. 의외로 감각으로 그리는 사람이 많습니다. 안심하시기 바랍니다.

본문의 설명은 평소에는 감각으로 그리던 브러시/터치/색 선택 등 그림을 그리는 과정에 나타나는 다양한 선택을 '어떻게 해서 그렇게 되는지?'하며 글로 쉽게 풀어서 쓴 것입니다. '이 선택은 이런 생각으로 그리면 된다'라는 원리를 여러분께 알려드리고 싶어서, 약간 이론적인 내용이 되

어버렸습니다. 그러니 매번 모든 원리를 활용해야 하는 것은 아닙니다.

원리란 도구라고 생각하셨으면 좋겠습니다. 가위나 자와 같은 도구입니다. 그리다가 고민될 때는 '여기는 이런 원리가 쓰인다. 그러니 이렇게 그리는 편이 좋다'라는 식으로 답을 찾을 수 있는 것이 원리입니다. 도구이므로 쓰고 싶을 때 쓰면 됩니다. 도구가 시키는 대로 따라가서는 안 됩니다. 도구는 어디까지나 여러분이 사용하는 것입니다. 여러분의 감각으로 결정한 판단을 우선해야 합니다.

어렵게 생각하지 말고, 우선은 마음 편하게 배경을 그려보셨으면 합니다. 자신의 캐릭터를 다양한 장소로 데려가는 것은 무척 즐거운 일입니다. 이 책이 지금부터 그림을 시작하는 분과 더 높은 곳을 목표로 하는 분들에게 도움이 된다면 더 바랄 것이 없습니다. 참고로 예제로 사용한 일러스트를 따라 그려서 인터넷 등에 자유롭게 공개해도 괜찮습니다. 단, 그때는 이 책을 보시고 따라 그렸다는 점을 꼭 밝혀주시기 바랍니다.

끝으로 계속해서 담당해주신 편집자 스기야마 씨, SB크리에이티브 관계자 여러분, 출판, 판매에 협력해 주신 모든 분께 진심으로 감사의 인사말을 전합니다.

요-시미즈

Index